배우,
말하기,
자유

Liberation
of
the Actor

배우, 말하기, 자유

1판 1쇄 발행 · 2017년 8월 23일

지은이 · 피터 브리몬트Peter Bridgmont
옮긴이 · 이은서, 하주현

펴낸이 · 발도르프 청소년 네트워크 도서출판 푸른씨앗

책임 편집 · 최수진 | 편집 · 백미경, 최수진
디자인 · 유영란, 이영희
번역 기획 · 하주현
마케팅 · 남승희 | 해외 마케팅 · 이상아

등록번호 · 제 25100-2004-000002호
등록일자 · 2004.11.26.(변경신고일자 2011.9.1.)
주소 · 경기도 의왕시 청계동 440-1번지
전화번호 · 031-421-1726
전자우편 · greenseed@hotmail.co.kr
홈페이지 · www.greenseed.kr

값 **15,000** 원
ISBN 979-11-86202-14-2

「이 도서의 국립중앙도서관 출판예정도서목록(CIP)은 서지정보유통지원시스템
홈페이지(seoji.nl.go.kr)와 국가자료공동목록시스템(nl.go.kr/kolisnet)에서 이용
하실 수 있습니다.(CIP제어번호: CIP2017020105)」

배우,

말하기,

자유
Liberation of the Actor

피터 브리몬트Peter Bridgmont 지음

이은서, 하주현 옮김

지금까지 함께한 나의 모든 학생에게

먼저 아내 바바라Barbara에게 감사를 전합니다. 바바라는
〈서사시, 서정시, 극시 양식의 말하기 연습〉(11장, p.232)에
인내심과 조언으로 큰 도움을 주었습니다.

실질적인 도움과 격려를 아끼지 않은 메이지 존스Maisie Jones 의 덕
도 잊을 수 없습니다. (영국 이스트 그린스테드에 위치한 〈말하기 학교
Speech School〉교장)

마지막으로 원고 편집에 큰 역할을 해준 에일린 로이드Eileen Lloyd에
게 감사 인사를 드립니다.

<u>일러두기</u>

_ GA는 루돌프 슈타이너Rudolf Steiner 전집 서지 번호

_ 루돌프 슈타이너(1861~1925)는 인지학을 바탕으로
   예술·교육·의학·농업에 이르는 광범위한 문화운동을
   이끈 독일의 철학자이자 교육자

_ 본문에 나오는 각주는 모두 옮긴이의 주

_ 본문에 인용한 글 중 셰익스피어의 작품은 다음 책에서
   인용

        『햄릿』 김정환 옮김, 아침이슬, 2008
        『오셀로』 김정환 옮김, 아침이슬, 2008
        『리어왕』 김정환 옮김, 아침이슬, 2008
        『맥베스』 김정환 옮김, 아침이슬, 2008
        『로미오와 줄리엣』 김정환 옮김, 아침이슬, 2010
        『헨리 5세』 김정환 옮김, 아침이 슬, 2012
        『리처드 3세』 김정환 옮김, 아침이슬, 2012

차례

{연습 1~30}

서문

이 책은 연극을 배우는 학생을 위한 연극 교과서나 훈련 매뉴얼이 아니다. 그보다는 연극의 미래와 그 미래를 위해 배우가 어떤 역할을 할 수 있는지에 관한 고민과 제안에 가깝다.

대부분이 지금은 절판된 전작 『창 던지는 사람The Spear Thrower』에 수록했던 내용이다. 당시의 고민을 계속 작업하면서 발전시킨 결과와 독자에게 도움이 되기를 바라는 새로운 생각과 제안을 담아 이 책을 펴내게 되었다.

경험상 연극을 배우는 학생들은 연습 때 지나치게 일찍 인물을 분석하고 해석하는 경향이 있다. 연극에서 인물과 상황을 정확하고 자세히 분석하는 것은 당연히 중요한 일이지만 정작 관객을 극에 몰입하게 만드는 데 중요한 역할을 하는 다른 요소들이 있다. 예를 들어 젊은 배우들은 극 중 대화가 일상 대화와는 전혀 다르다는 것을 배워야 한다. 연극에서 말하기는 단순히 발화에 그쳐서는 안 된다. 대사와 언어가 관객 속에 들어가 함께 숨쉴 수 있어야 한다. 배우 훈련 기간에 언어가 배우에게서 독립해 자유롭게 존재한다는 느낌을 키워야 한다. 그러면 관객은 배우가 어조를 통해 만드는 극중 분위기뿐만 아니라 언어의 살아있는 움직임 속으로 들어갈 수 있다. 살아있는 언어가 관객을 감싸기 때문에 언어의 소리 속에서 함께 움직일 수 있는 것이다.

또한 배우는 극장 공간 전체와 함께 움직인다는 느낌을 훈련해야 한다. 무대 뒤쪽으로 걸어갈 때 관객이 함께 끌려오는 것을 느낄 수 있어야 한다. 무대 오른쪽이나 왼쪽으로 갈 때도 마찬가지로 관객이 함께 움직여야 한다. 배우가 무대 위에서 이리 뛰고 저리 뛰는 것을 팔짱끼고 지켜보는 것이 아니라, 춤추는 사람을 볼 때처럼 관객 내면에서 배우의 움직임에 동참해야 한다.

배우는 연기하는 인물이 실제 자기 모습과 전혀 닮지 않기를 바라는 은밀한 야망이 있다. 음성, 제스처, 태도, 목소리나 몸짓의 특징에서 자신을 전혀 알아볼 수 없게 만들고 싶어 한다. 영국 스트랫퍼드Stratford에 위치한 씨어터 로열Theatre Royal에서 열린 연극 워크숍에서 조안 리틀우드Joan Littlewood[1]

---

1 조안 리틀우드Joan Littlewood(1914-2002)_ 영국의 연출가, 연극 워크숍을 발전시킨 것으로 유명하다. '현대 연극의 어머니'라고도 불린다. 1963년 연출한 《사랑스러운 전쟁!Oh, What a lovely war》이 유명하다.

는 연기가 온전한 창작품인지 아니면 배우의 원래 성격에서 나온 것인지를 관객이 언제나 알고 있다고 했다. 배우의 창작품일 때는 관객이 배우에게 몰입하지만 후자인 경우에는 다소 실망하게 된다는 것이다.

20세기 초반 에드워드 고든 크레이그Edward Gorden Craig[2]가 배우들에게 요구했던 것도 바로 이런 소망에서 나왔다. 그는 연극 예술에서 목소리와 제스처를 객관적 도구로 인정한다면 배우 역시 그렇게 자리매김해주어야 한다고 믿었다.

현대 연극에서는 사회적 사실주의social realism[3]와 심리학에 대한 관심이 계속 증가하고 있다. 이로 인해 연기의 질이 높아진 측면도 있지만 잃어버린 부분도 있다. 연극에는 일종의 강물이나 '폭포'처럼 보이지 않는 에너지 흐름이 있다. 배우는 그 흐름을 타고 움직이며 말한다. 나는 고대 그리스인들이 말한 리트모스rhythmos가 바로 이 에너지를 가리킨다고 생각한다. 랄프 리처드슨 경Sir Ralph Richardson[4]은 한 인터뷰에서 연극의 제작과정 전체에 연속된 힘의 흐름이 있다는 말을

---

2 에드워드 고든 크레이그Edward Gorden Craig(1872-1966)_ 영국의 연극인. 배우, 연출, 무대디자이너로 활동하였다.

3 사회적 사실주의_ 사회부조리, 소외된 하층민의 생활상 등을 주제로 한 예술 양식을 일컬었으나, 오늘날에는 특정한 양식을 지칭하는 용어는 아니며, 그 범위도 다양하다.

4 랄프 리처드슨 경Sir Ralph Richardson(1902-1983)_ 영국의 배우. 셰익스피어 극을 섭렵하였으며, 다양한 영화에도 출연해 1947년 기사 작위까지 부여받았다.

한 적이 있다. 그가 말하려던 것도 아마 리트모스였을 것이다. 그는 공연을 바위 하나가 언덕 아래로 굴러가는 것에 비유했다. 희극에서는 공연이 끝나는 순간 데굴데굴 굴러가던 바위는 언덕 아래 들판에 멈춰 선다. 반면 비극에서 그 바위는 산산조각 난 채 끝난다. 이는 오직 직접 경험한 배우만 할 수 있는 이야기다. 이 말을 듣고 인터뷰 하던 사람이 어리둥절해하던 모습이 기억난다. 배우들은 공연 예술에 담긴 이런 신비로운 흐름을 되살려 체험할 수 있어야 한다.

이에 관한 논의가 이 책의 한 축을 이룬다. 순수 예술가들 중 누가 더 뛰어난지를 가름하는 기준은 무엇인가? 음악에서는 테크닉의 중요성을 강조하다보면 이런 신비한 힘과의 관계를 크게 고려하지 않는 경우가 많다. 그러나 한 콘서트장에서 '올해의 연주자'를 뽑는 최종 선택권을 가진 한 음악가는 내게 그 기준의 특성을 이렇게 설명한 적이 있다. "연주를 웬만큼 잘 하는 사람이 있고, 기가 막히게 잘하는 사람이 있습니다. 그리고 관객들 주머니를 아낌없이 열게 하는 연주자가 있습니다. 이들은 음악 속에서 자기 존재를 죽였기 때문에 음악이 자유로워집니다. 이럴 때 관객 역시 연주자에게서 자유로워질 수 있습니다." 이와 본질적으로 동일한 것이 연극 예술에도 존재한다.

연기에서 지금껏 소홀히 여기거나 까맣게 잊어버린 측면

들을 되살리고자 이 책을 쓴다. 하지만 과거의 부활을 위해서가 아니라 연극의 미래를 위해 튼튼한 이상의 토대를 만들기 위함이다.

배우의 '자유'에 대해 이야기해보자고 하면 요즘 세상에 굳이 필요한 주제인가 의문을 갖는 사람들도 있을 것이다. 이들은 무대 위에서 보여주는 모든 행동이 당연히 치밀한 계산 끝에 나온 연기일 거라고 생각하면서도 오늘날 배우가 정말 자유로우냐는 질문은 유효 기간이 지난 것이라고 여긴다. 분명 요즘 배우는 과거 그 어느 때보다 많은 자유를 누리고 있다. 무대를 자유롭게 활보하고 머리를 빗고 신발을 벗고 손을 씻기도 한다. 언제든 무엇이든 마음 내키는 대로 행동할 수 있다. 타당한 범위를 벗어나지만 않으면 배우와 제작자, 관객 모두 인정한다. 돌출무대부터 원형무대까지 온갖 종류의 무대에서 공연한다. 심지어 거리에서도 공연하고 술집 다락방에서도 공연하고, 프로시니엄 극장[5]은 물론 조명 시설만 있다면

---

5 프로시니엄 극장_ 무대와 객석을 확연하게 구분하는 정면이 액자 형태인 무대 모양. 17세기에 처음 출현했으며, 오늘날 대부분의 극장에서 채택하고 있다.

시청 강당에서도 공연을 한다. 공연장에 어떤 제약도 없다.

연기 자체도 비교할 수 없이 자유로워졌다. 움직이겠다는 마음만 있으면 무대 위에서 움직일 이유로 충분하다. 말하겠다는 마음만 있으면 무대 위에서 말하기 위한 다른 조건은 필요하지 않다. 작은 동작과 발성에도 철저한 훈련과 규칙을 강조하던 과거의 관습이 이제는 더 이상 배우를 구속하지 않는다. 그런데 그런 관습은 그저 예술가와 연기자들의 자유로운 표현을 가로막는 방해물에 지나지 않을까?

이 책에서 말하고자 하는 배우의 '자유'는 배우 훈련이 아니라 무대에 오르기 전에 진행되는 사고 과정에 필요한 것이다. 만일 모든 예술 활동이 개인의 개성이나 사고 능력, 시적 표현 능력의 범위를 벗어나지 못한다면 예술은 예술가 개인의 인생경험이나 성격에 국한될 수밖에 없을 것이다.

예술의 신비와 기적은 그림이든 춤이든 음악이든 예술가의 개성과 전혀 다른 세계에서 온다는 점이다. 예술가는 예술 활동 속에서 자신의 한계와 개성을 뛰어넘는 경우가 많다. 기량이 뛰어난 예술가를 개인적으로 만났을 때, 무대나 공연장에서 본 멋진 모습에 비해 평범하기 짝이 없어 실망하는 경우가 있다. 반대로 공연을 봤는데 무대 위와 평상시의 모습이 완전히 똑같아서 놀라기도 한다. 학자도 마찬가지다. 엄청난 학식을 지닌 사람이 학자로서의 모습과 일상의 모습이 완전히 다른 경우도 있다. 어떤 분야의 전문가가 학생 때 존경하는 마음으로 열심히 공부했던 저자를 직접 만난 뒤 매우 실망한 경험을 들려준 적이 있다. 책에서 빛나던 지적 명민함에 비해 너무 평범했던 것이다. 나는 이것이 인간의 신비라고 생각한다.

무대에서 말을 잘하고 연기를 잘 하는 것은 어쩌면 연기력보다 배우의 의식 상태와 훨씬 더 깊이 연결되어있는지도 모른다. 나는 아름다운 말하기와 우아한 움직임을 감상한 뒤 분석하는 것을 권하지 않는다. 하지만 발성이나 움직임 연구는 추천한다. 그러면 왜 그 배우가 그 분야의 권위자이며 얼마나 훌륭한지를 이해할 수 있을 것이다.

'인간이여, 너 자신을 알라'는 고대 그리스 경구가 있다. '너 자신을 알면 우주를 이해할 것이다.' 이게 도대체 무슨 뜻일까? 과거 배우들은 인간사를 다룬 연극을 통해 인간의 근원이자 뿌리인 정신적 실재를 드러내야 한다고 믿었다. 배우 시빌 손다이크Sybil Thorndike[6]는 배우란 '구체적인 동시에 보편한 것'을 보여주어야 하는 존재라고 말한 적이 있다. 예전에

---

6 시빌 손다이크Sybil Thorndike(1882-1976)_ 영국의 배우, 남편인 루이스 카슨 Lewis Casson과 셰익스피어 극에서 명성을 얻었으며, 극작가 버나드 쇼는 그녀를 위해 특별히 《성녀 조안Saint Joan》을 창작하였다.

배우가 앞에 놓인 포도주 병을 밀쳐내는 연기를 하는 것을 본 적이 있다. 그 작은 동작에는 극 중 인물이 전 생애와 모든 경력을 부인한다는 느낌이 담겨있었다. 여기서 '구체적인' 것은 그가 혐오하는 삶을 밀어내는 행위였다. 그의 연기는 구체성과 보편성을 완벽하게 구현했다.

그리스 배우들에게 들숨과 날숨은 단순히 몸속으로 공기를 넣고 빼는 동작이 아니었다. 그들은 숨을 들이쉬면서 사고와 영감의 세계로 들어가고, 내쉬면서 행위를 위한 의지를 공기 중으로 분출했다. 그들은 무대에서 하는 대사와 노래가 일상과 전혀 다른 영역에서 온다고 느꼈다. 엘리자베스 시대만 해도 호흡과 심장박동이 행성들의 움직임을 반영한다고 여겼다. 처음으로 그런 우주적 사고를 거스르는 대사를 하는 인물을 그린 사람이 바로 셰익스피어이다. 《리어왕》에서 에드먼드가 그런 생각을 어떻게 표현하는지 보자.

세상에 멍청한 일도 다 있지, 뜻한 대로 잘되지 않으면, 종종 자기 자신의 행동 과잉 때문이건만, 재앙의 책임을 해에게, 달에게, 그리고 별에게 돌리다니! 마치 어쩔 수 없이 악당이라는 듯이. 하늘의 강제로 멍청해졌다는 듯이.

《리어왕》 1막 2장 중에서, p.28~29

현대 연극의 놀라운 점은 아주 정확한 관찰로 익숙한 풍경을 그대로 재현하는 기술을 갖게 되었다는 것이다. 나는 이와 함께 말과 움직임을 형성하고 뒷받침하는 눈에 보이지 않는 힘도 드러내 보일 수 있기를 바란다. 겉모습은 여러 의미에서 오히려 '실재가 아니'며, 인류를 추동하고 움직이게 하는 보이지 않는 실재를 입증할 수 있기를 바란다. 이 실재는 철학과 기하학과 예술에서 만날 수 있다. 춤과 노래에서, 연기와 연극이라는 기묘하고도 멋진 예술에서도 만날 수 있다. 배우는 연극의 시종에 불과하다. 배우는 자기가 익히 아는 세상을 그대로 펼쳐 보일 수도 있지만, 연구와 연습을 통해 움직임과 대사로 현세 이면의 세상, 일상의 모든 행동을 존재하게 만드는 그 세계를 드러내 보일 수도 있다. 그런 움직임이나 말로 다 전달하지 못하는 것은 연기로 표현할 수 있다. 겉보기엔 평범하고 관습적인 연극도 배우의 연기 이면에서 일상의 풍경 속에서 포착되는 진정한 인간 정신을 드러낼 수 있다. 과거에는 예술가를 '신의 말씀을 전달하는 자'라고 불렀다.(전달자가 가끔 본분을 잊고 신이 되는 것이 자기 과제라고 생각하는 경우도 있다) 아주 이상하고 어리석어 보일 수도 있지만 '신의 전달자'가 된다는 건 모든 예술가에게 있어 지극히 영예로운 자리다. 고대 그리스 연극의 가장 중요한 역할이 바로 이것이었다.

전달자로서 예술이 묘사와 극화의 힘을 통해 사람들에게 새로운 눈을 열어 줄 수 있을까? 부디 그럴 수 있기를 소망한다.

[팔레스트라 출신 최고의 배우, 헤르쿨라니움]
_ 프레스코화, 1세기 로마, 이탈리아 나폴리 국립 고고학 박물관 소장

1 배우는 어디에 있는가?

1850년대부터 연기는 자기중심적으로 돌아섰다. 당대의 대중 소설처럼 연기도 점점 실재에 가깝게 상황과 대화를 묘사하기 시작했다. 에드먼드 킨Edmund Kean[7]에게 영향을 받은 배우들이 샤일록이나 리처드 3세 같은 인물을 연기할 때, 청중은 일상에서 흔히 보는 태도로 상황에 대응하는 연기에 뜨거운 반응을 보였다. 이런 연기가 이후 어떤 반향을 불러일으킬 것인지 짐작한 사람들 중 하나였던 콘스탄틴 스타니슬랍스

---

[7] 에드먼드 킨Edmund Kean(1789-1833)_ 영국의 배우. 1814년 드루어리레인 극장에서 샤일록의 배역으로 인정받은 이후 셰익스피어극의 악역 배우로서 명성을 쌓았다.

키Konstantin Stanislavsky[8]는 이를 깊이 연구하기 시작했다. 그의 첫 번째 질문은 "연기하는 동안 배우는 어디에 있는가?"였다. 다른 말로 하자면 연기하는 동안 배우의 개별성은 어디에 있는가? 배우는 연기의 일부인가 아니면 별개의 존재로 상황에 속해있는 척하지만 사실은 그저 '연기'할 뿐인가? 아니면 배우 개인의 특성이 이야기 속 인물이나 사건을 구현하는데 깊이 관여한 나머지 허구의 상황에 실재성이 담기게 되는 것일까?

이 질문은 아직도 유효하다. 답을 찾는 과정에서 연극의 역사 안에서 현재 우리가 어디에 있는지와 미래를 향해 어떤 방향으로 나아가야 하는지를 조금은 이해할 수 있을 것이다.

고대 그리스 연극에서 배우는 어디에 있었는가? 물론 모두 알다시피 배우의 몸은 높은 신발cothurnus을 신고 가면으로 얼굴을 가린 채 반원형 객석을 마주보고 서 있었다. 등 뒤에는 바다나 벌판이, 머리와 사고 위로는 파란 하늘이 펼쳐지는 크고 둥근 돌 위에서 리드미컬하게 춤을 추었다. 하지만 정말 배우는 어디에 있었는가? 머리를 이쪽저쪽으로 돌려 표정이 변하지 않는 가면의 방향을 바꾸면서 높은 신발을 신고

---

8 콘스탄틴 스타니슬랍스키Konstantin Stanislavsky(1863-1938)_ 러시아의 연출가·배우·연극이론가. 모스크바에 예술문학협회를 설립하였고 모스크바예술극장을 창립해 지도했다. 사실적인 수법으로 무대를 시적 상징으로까지 높인 독자적인 '스타니슬랍스키 시스템'을 확립하였다.

춤을 추는 동작 속에, 노래와 낭송 속에 있었을까? (한 연극에서 배우는 보통 두세 명의 인물을 연기했고, 인물에 따라 신발, 의상, 가면은 물론 노래와 춤, 말하기 방식을 바꾸었다)

위 질문의 대답을 나폴리 국립 고고학박물관Museo Archeologico Nazionale에 있는 한 프레스코화에서 찾아볼 수 있다. 그림 속에는 공연 후 지친 모습으로 휴식을 취하는 배우와 배우를 등지고 가면 앞에 무릎을 꿇고 경의를 표하는 한 여자가 있다. 나는 고대 배우들이 자기 역할이라고 생각한 지점을 이 그림이 잘 보여주고 있다고 생각한다. 그럼에도 불구하고 하늘과 태양, 건축물이 관객을 축제 분위기로 들뜨게 만드는 한편 배우를 일종의 강렬한 흥분상태에 빠지게 만들었을 것이 분명하다. 물론 극장은 머리 위가 지붕으로 덮이지 않고 활짝 열려 있었다. 그런 극장에서 배우는 숨을 쉴 수 있었다. 이것이 연극적 말하기의 본향이다.

연극사가들은 연기가 희극과 마임에서 비롯되었고, 그 양식이 발전해서 자연주의 연기[9]의 시초가 되었다고 설명한다. 희극은 익숙한 상황 속에서 황당무계한 사건들이 벌어지는 광경을 보여준다. 이것이 희극의 양극성이다. 고대에도 부엌

---

9 자연주의 연기naturalistic acting_ 극적 영역을 통해 실재의 완벽한 환영幻影을 창조하고자 시도하는 연극을 가리킨다. 이러한 연극 무대에서 우리는 평소에 눈으로 보는 현실과 거의 흡사한 모습을 본다.

에서 위대한 업적이 이루어지거나, 식료품 창고에서 대재난이 벌어지는 것이 희극의 배경이었다. 희극 양식은 우리 자신과 우리의 행동을 보여주며, 그것을 보며 우리는 배꼽을 잡는다. 우리는 잘 모르거나 낯선 것에는 웃지 않는다. 그 상황을 친숙한 영역으로 끌어 내렸을 때 비로소 웃음을 터뜨린다.

이제 몇 세기를 건너 뛰어 야외극과 상인조합 연극[10] 시대로 가보자. 이 시대에는 어린아이 같은 순진한 상상력을 가진 아마추어 배우들이 저잣거리나 이동 수레 위에서 노아, 카이사르, 요셉, 헤롯, 악마를 연기했다. 이들은 성경 속 인물들을 일상 영역으로 데리고 옴으로써 민중의 상상력을 사로잡았다. 배우의 내적 그림(표상)은 관객들에게 실재가 되었다. 여기서 우리가 연기의 천부적인 재능이라고 부르는 것이 어떻게 발달하기 시작했는지 그려 볼 수 있다.

무대 장치 중심의 상인조합 연극은 빠른 속도로 대사 중심 연극으로 바뀌었다. 인물의 내적 감정을 표현하는 정도가 커지면서 인물의 '깊이'가 생겼고, 관객의 흥미도 갈수록 높아졌다. 마침내 런던에 연극 상연을 전문으로 하는 극장이 생겨나기에 이른다. 극장이라는 공간을 갖게 되면서 엘리자베스

---

10 상인조합 연극guild play_ 1300년경부터 1450년에 걸쳐 영국에서 행해졌던 연극으로 이동무대에서 상연되었다. 예배극이 시장에서 행해짐에 따라 그 주최자도 성직자에서 상인조합으로 바뀌게 되었고, 성축일 같은 종교적 축제일에 이루어졌다. 내용은 모두 성서나 성자들의 이야기에 중심을 둔 것이었다.

시대의 배우는 연극의 중심이 되었다. 배우는 폐, 입술, 혀, 입천장을 통해 인물의 열정과 생각을 공기 중에 실어 날랐다. 그렇게 복잡하고 정교한 시적 사고로 이루어진 연극을 두세 시간씩 공연하면서 배우는 어떻게 관객을 사로잡았을까? 어떤 힘으로 관객을 붙들어놓았을까? 요즘처럼 푹신한 좌석에서 그런 연극 공연을 보다가는 다들 꿈나라로 날아가 버릴지도 모를 일이다.

엘리자베스 시대 배우들의 과장된 동작은 전통에서 나왔다. (예를 들어 주장을 강조하고 싶을 때 주먹으로 손바닥을 쳤다) 당연히 모든 제스처와 마임은 배워 익힐 수 있었다. 그러나 제스처만으로는 충분하지 않았다. 그렇다면 말하는 방식이 사람들의 관심을 계속 휘어잡았던 것일까? 당시 연극과 극장 환경을 고려했을 때 그 시대 연극의 여러 도구 중에서 말하기가 단연 으뜸이었을 것이다. 그저 버럭버럭 고함만 쳤을 리는 없다. 햄릿의 대사들만 보아도 무대에서 어떻게 말을 하는지가 매우 중요함을 알 수 있다. 배우의 말하기는 공간을 장악했고, 관객이 숨죽이고 귀 기울이게 만들었다. 분명히 이야기꾼이나 서사시를 낭송하는 음유 시인처럼 강약을 조절하며 표현력 풍부한 화법을 사용했을 것이다. 16세기에 '웅변술'을 훈련한 사람이라면 이런 서사적 말하기 양식을 잘 알고 그것을 대사를 전달하는 튼튼한 토대로 삼아 연기 예술에 담아내었을 것이 분명하다. 서사적 말하기에 대해서는 이 책의 후반부에서 살펴볼 것이다.

16세기 후반 프로시니엄 아치의 등장으로 아치 뒤쪽이 연기 공간이 되면서 배우는 갤러리와 원형 객석으로 둘러싸인 돌출형 무대에서 밀려나 커튼 뒤에 있는 배경에서 움직이게 되었다. 이런 배우의 위치 변화는 앞으로 등장할 영화 스크린과 텔레비전 화면의 전조라 할 수 있다.

배우는 더 이상 자기 세계의 중심이 아니었고, 그로 인해 여러 가지 결과가 파생되었다. 배우를 둘러싸고 있는 외부 세계 역시 차단되었다. 그리스 시대 배우에게는 신들이 거하는 하늘과 태양, 대기, 바다가 있었고, 그 신들은 배우의 춤과 노래dithyramb 속에서 함께 움직였을 뿐 아니라 연극의 내용이기도 했다. 엘리자베스 시대에도 햇빛은 연극에서 핵심적 역할을 했다. 극장이 점점 좁아지던 눈을 마침내 질끈 감고 지붕을 덮었을 때, 배우는 자기 안에서 훨씬 더 많은 에너지를 끌어내야 했으리라 짐작할 수 있다. 더 이상 외부에서 도움을 받을 수 없었기 때문이다. 그전까지 주변에서 살아있는 에너지와 생명이 배우에게 다가왔다면 이제는 스스로 중심에서 바깥으로 힘을 끌어내야만 했다. 처음으로 배우 자신의 개성이 연극에서 중요한 요소가 된 것이다. 연기에 새로운 즐거움이 생겨났다. 그리스 시대처럼 신들에게서 오는 영감이나 중

세시대 상인조합 연극처럼 종교의 도움으로 얻는 즐거움이 아니라 자기 안에서 창조한다는 기쁨이었다.

배우는 무대 위에 자기 존재를 드러내야 했다. 관객석까지 에너지를 발산해야 했다. 바닥에 띄워놓은 등불에서 타오르는 빛이 조명이었다.(기름에 심지를 띄운 형태) 배우 앞에 놓인 객석은 시커먼 어둠이었고, 배우는 어둑어둑한 무대 위에 선 그림자처럼 보였다. 무대를 넘어 극장 구석구석까지 자신을 투사하지 않을 수 없는 조건이었다. 주변으로 환히 열렸던 풍경이 닫히고 조명으로 어둑해진 수축의 경험은 글로브 극장에서 배우들이 느꼈던 것과 전혀 다른 감정을 불러일으켰을 것이다.

이렇게 달라진 환경에서 등장한, 자신을 강하게 드러내고 주장하는 양식의 연기는 지금 우리가 '스타' 시스템이라고 부르는 극적인 연기 양식으로 발전했다. 데이비드 게릭David Garrick, 에드먼드 킨, 윌리엄 매크레디William Charles Macready 같이 18세기 후반에서 19세기 초반을 이끈 배우들은 강렬한 광채로 눈부시게 빛났다. 19세기에 접어들면서 이 에너지는 시들기 시작했다. 수축 과정의 심화는 표피적인 가치로 변했고, 자연주의 연기가 완전히 득세하게 되었다.

지금까지 배우를 둘러싼 환경 변화의 역사를 간략하게 살펴보았다. 이를 통해 우리는 그 발달이 이루어지는 과정에서 무대 연기의 본질 중 상실한 부분이 있음을 깨닫게 된다. 탁월하며, 창의적이고, 섬세한 세부 묘사가 빛나는 현대 연기는 모두 과정의 한 부분에 불과하다. 그 나머지 부분을 이 책에서 다룰 것이다. 그에 앞서 20세기 연극을 살펴보자.

현대 연극_ 미래를 바라보며

16세기부터 20세기 초까지 연극은 프로시니엄 형태의 액자 무대에서 이루어졌다. 프로시니엄 무대에서 배우는 배경으로 둘러싸인 연기의 세계 속에 단단히 갇히고, 그로 인해 현실을 그대로 모사한 사실주의 속 박제된 나비로 전락했다. 뿐만 아니라 연극은 갈수록 관객이 동질감을 느낄 수 있는, 현실과 거의 똑같은 상황 속에서 고군분투하는 인물들로 채워졌다. 점차 등장인물들이 사랑과 미움, 살인과 배신 같은 문제를 어떻게 풀어 가는지가 연극의 주된 관심사가 되었고, 인간의 본질적 영혼에 대한 관심은 그만큼 줄어들었다. 고대 연극에서는 자기만의 뚜렷한 법칙과 신념, 도덕성을 가지고, 다가오는 운명에 맞서는 인간 내면의 본질적 존재에 집중했다. 인간의 운명은 철저히 신의 손 안에 있거나, 하늘의 별들이 결정하는 것이었다. 하지만 지난 300년 동안 인간은 세상과 자신을 분리된 존재로 여기며 세상과 동등한 존재로 맞서기 시작했다. 그 결과 생존과 개인적 운명이라는 좁은 틀 안에 갇힌 인간이 연극의 중심이 되었다.

오늘날 연극과 영화는 우주 존재로서의 인간이 개인 존재로서의 인간으로 축소되는 과정의 연장이다. 연극은 세상이라는 사각 틀 안에 구겨 넣어졌고, 프로시니엄의 틀 안에 갇혀버렸다. 이제 주인공의 운명이 보여주는 것은 특정 상황 속에서 그가 어떤 선택과 행동을 하는지에 불과하다. 주인공을 둘러싼 상황 역시 알베르 카뮈Albert Camus의 말처럼 '부조리'하기 때문에 우리는 인간성의 한계 속에서 상황에 대응하는 수준을 넘어설 수 없다.

20세기 초반에 시작된 많은 예술 사조는 꾸준히 성장해 온 자연주의 연극을 거부했다. 특히 독일에서 이런 경향이 두드러졌다. 자연주의 연극 시대가 남긴 유산은 콘스탄틴 스타니슬랍스키밖에 없지만, 다른 분야에서 활약했던 사람들만큼 가치를 인정받지 못하고 있다. 20세기 초반에는 인상주의, 원시주의, 추상주의, 무아지경 연기ecstatic acting, 소외 효과, 서사극을 비롯한 수많은 연극 실험이 진행되었다. 그 중 가장 강력한 흐름은 당연히 인상주의 연극이었고, 대표적인 인물 두 명을 꼽자면 무대 디자이너이자 연출가인 에드워드 고든 크레이그Edward Gordon Craig와 스위스의 무대 디자이너 아돌프 아피아Adolphe Appia가 있다.

스타니슬랍스키는 20세기 초반까지 이어진 긴 역사 흐름의 최종판을 새롭게 제시했다. 자연주의 연극은 다윈의 진화론처럼 일종의 피할 수 없는 흐름이었다. 하지만 독일에서는 모험, 발명, 이상의 정신이 살아 있었다. 오직 인간에게서만 솟아오를 수 있는 그 정신은 연극을 오늘날 우리가 아는 형태에 우겨넣은 수축의 틀을 깨고자 노력했다.

당시 회화, 음악, 무용, 연극 분야의 많은 예술가가 필연적인 시대의 흐름에 휩쓸리지 않고 자기 내면의 원천에 따라 말하고 연기하고 그림을 그리고 작곡했다. 대체 그 아이디어가 어디에서 왔는지 사람들이 궁금해할만한 작품을 내놓았다. 나는 크레이그의 글을 볼 때마다 감탄을 금할 수가 없다. 영국의 유서 깊은 극단 출신이지만 그가 내놓는 모든 생각은 과거의 반영이 아니라 스스로 창조한 새롭고 독창적인 것이었다. 어머니인 엘런 테리Ellen Terry는 당대에 가장 위대한 여배우였다. 엘런은 런던의 리세움 극장에서 역시 당대 최고의 배우였던 헨리 어빙Henry Irving과 함께 공연했다. 이렇듯 크레이그는 유명한 예술가 집안에서 태어나 그 시대 최고의 예술가들과 어울렸지만 그가 발전시킨 연극 이론에서는 그들의 영향을 거의 찾아볼 수 없다.

그는 무대 배경 만드는 일부터 시작했다. 당시에는 사실주의realism[11]가 대세였다. 무대 위의 왕궁은 정말 왕궁처럼, 정원도 정말 정원처럼 보여야 했다. 사실 대부분이 평면 위에 그림자와 원근법을 이용한 그림에 불과했다. 젊은 크레이그는 이런 관행에 만족하지 못하고 직접 제작한 무대를 선보였다. 먼저 그는 무대를 날 것으로 노출시키고, 프로시니엄 아치 가장자리를 덮은 커튼을 제거했다. 그런 다음 한두 개의 단과 큰 파노라마 배경막을 사용해서 꾸민 다음 무대에 햇빛이 환히 들어오게 했다. 이렇게 배우들을 위한 '공간'을 창조했고, 이 '공간'은 새로운 자연주의 연극 배우들에게 도전 과제가 되었다.

밝은 색 나무판자로 만든 거대한 연기 공간을 상상해보라. 무대에는 연한 적갈색 스크린이 높게 서 있다. 무대 뒤쪽에는 지평선이 있고, 그 위로 펼쳐진 옅은 푸른색 하늘은 점점 옅어지면서 꼭대기에서는 흰색이 된다. 하늘 아래쪽에는 단 하나가 가로로 길게 놓여있다. 어디까지가 무대인지 명확하게 구별하기 어려운 공간이 계속 이어진다. 성큼성큼 걷거나 비틀거리거나 발을 질질 끌거나 쿵쿵거리거나 어슬렁거리거나 깡충깡충 뛰거나 상관없이 배우가 '무대' 위를 실제로

---

11 사실주의_ 사실주의 연극은 낭만주의 연극에 대한 반동으로 일어나 19세기말에서 20세기 초엽까지 유럽의 여러 나라에서 성행했던 연극 운동이다. 희곡의 주제나 소재가 실제 일상생활에서 있을 수 있는 문제를 다루었으며, 또한 연극사 2500년을 지켜온 대사의 운문 표기를 산문으로 바꾸어 놓았다.

걸어가고 있음을 선명히 의식할 수 있다.

공간은 당신이 어디에 서 있는지를 말해준다. 무대의 옆이나 앞 혹은 뒤 어디에 있든지 무대는 당신의 위치를 알려준다. 현대 배우인 당신은 '자기 내부에' 있는 느낌이나 지금까지 많은 사람이 가르쳤던 것처럼 '내면 중심에서 밖으로 끌어낸'다는 느낌이 무엇인지 확신하지 못할 수 있다. 자신이 아주 작고 보잘것없어 보인다. 중심에서 밖으로 힘을 발산해보려 하면 공간이 억지로 몸을 부풀리는 당신을 보고 비웃는 것 같은 느낌을 받을 수도 있다. 공간, 하늘, 빛과 공기가 당신을 기다린다. 극장은 당신이 연극 예술 안에서 극장과 하나 되기를 기다린다.

고요가 지배하고, 정적이 기다린다. 당신은 무대를 가로질러 걸어갔다가 방향을 돌린다. 고요는 여전하고 정적이 하품한다. 잠깐 표정을 짓느라 얼굴이 일그러진다. 고요가 응시하고, 정적이 웃음을 터뜨린다. 주머니에 손을 쑤셔 넣는다. 발길질을 한다. 이 공간에서 스스로를 만들고 있다고 생각하기 시작한다. 그렇지 않다. 당신은 무대 밖에 서있는 사람처럼 행동하고 있을 뿐이다. 당신은 잠깐 이를 쑤시고, 손으로 머리를 쓸어 넘기고, 눈썹을 치켜 올리고, 느긋하게 걷고, 휘파람을 불다가 제자리에 선다. 고요가 지배하고, 정적이 기다린다. 에너지를 뿜어내며 펄쩍 뛰어오르고, 소리 지르고, 팔을 휘두른다. '다시 한 번 전쟁터로, 친구여, 다시 한 번.' 당신의 목소리가 공간을 가른다. 그 빈자리로 재빨리 침묵이 밀려들어오면서 상처를 치유한다. 당신은 중심에서 힘을 방사하고 있다. 분출하고 열변을 토하고 있다. 몇 가지 '그림자' 제스처(p.44, p.80 참조)를 한 뒤 당신은 숨을 헐떡이며 서 있다. 자신 없고 낙심한 태도로. 극장은 당신을 무시하는 것처럼 보인다. 그러면서도 뭔가를 기대하는 것 같다. 그게 뭘까.

공간에 서서 당신 중심에서 끌어낸 힘으로 그곳을 채우는 대신, 무대 가장자리에서 당신을 향해 다가오는 에너지를 느끼는 것이 가능할까? 움직이고 생각하고 느끼게 하는 힘이 외부에서 다가온다고 느낄 수 있을까? 생각과 동기('행동을 위한 의지'를 이르는 다른 어떤 이름도 상관없다)가 다른 세상에서 나를 향해 다가올 수 있을까? 그 세계를 '상상의 영역'이라고 생각해보자. 당신은 생각을 청한다. 말을 하고 싶을 때는 호흡을 청한다. 당신 입에서 나오는 말은 사고의 세계, 즉, 무대 밖에서 당신에게 다가온다. 당신의 움직임과 말하기는 외부에서 오는 힘이 떠받친다. 당신은 허공에 떠 있는 세상을 살고 있는 것이다.

고든 크레이그는 이런 느낌과 연기를 위한 공간을 마련했다. 그 공간은 지난 300년의 세월에서 20세기로 밀려들어오는 모든 것과 홀로 맞서왔다.

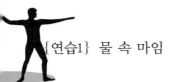

{연습1} 물 속 마임

주변 공간에 대한 감각을 키우기 위해 '물 속 마임'이라는 활동을 해볼 수 있다. 물속에 사는 해초처럼 서서 물결에 따라 부드럽게 움직여보자. 바다가 일렁인다고 상상하면서 그에 따라 해초처럼 흔들린다. 해초의 반응은 바다의 움직임을 드러낸다. 물살이 사나우면 해초도 거칠게 움직이고, 물살이 잔잔하면 해초도 고요하게 흐느적거린다. 양극적인 것을 포함하여 다양한 상황과 감정의 목록을 만든다. 또는 연극의 한 장면을 가져와 이 연습을 확장시켜 본다. 이 연습을 할 때 배우와 무용수들은 주변에 더 큰 움직임이 있고, 자기는 그 움직임에 반응하는 중이라는 느낌을 유지해야한다.

폭풍이 몰려온다. – 불안함, 두려움

폭풍이 거세진다. – 분노

잔잔한 바다(그 안의 해초) – 고요함, 평온함

소용돌이가 계속 몰려온다. – 갑작스러움

물밑에서 뭔가가 다가온다. – 위험이 어렴풋이 느껴진다.

사나운 바다 – 문제, 갈등

수면 아래 빠른 물살 – 긴장

철썩이는 파도 – 즐거움, 유쾌함

물이 다 빠져나감 – 죽음

갑자기 물의 한 부분이 차가워짐 – 걱정

아주 따뜻한 물 – 너그러움

아주 차가운 물 – 씁쓸함

어두운 물 – 상실감

    폭풍우 직전처럼 고요한 상태의 바다가 조금씩 일렁이다가 마침내 해초가 분노에 찬 듯 미친 듯이 요동치는 상태에 이른다. 거세게 소용돌이치는 것은 바다지만, 수면 아래에서 바다의 거친 움직임을 보여주는 것은 해초다. 이 연습은 배우의 주변 공간에 대한 인식을 무대와 극장 전체를 아우르는 정도까지 확장시킨다. 주변 공간에 대한 배우들의 직관이 발전할 뿐 아니라 그리스 사람들이 극장에서 느꼈던 것처럼 우리의 생각과 느낌 대부분이 우주에서 온다는 말이 무슨 의미인지 생각해보게 된다. 우주를 향한 문이 열리면서 배우는 극장 공간 안에 온전히 살아있을 수 있는 자유를 얻는다.

2 스토리텔링, 마임, 제스처의 기본

연극은 스토리텔링이다. 화자의 역할이 점차 배우에게로 옮겨간다. 이야기는 행동과 배우들의 대화를 통해서 드러난다.

모든 배우가 한번쯤은 서사시 양식의 말하기를 훈련해야 한다. 이때는 마치 말하기를 통해서 형상을 빚는 것처럼 자음을 발음한다. 듣는 사람은 그 언어가 빚은 형상을 내적으로 받아들이고, 그것은 우리 모두가 지니고 있는 내면에서 형상을 만드는 능력을 자극한다.

서사적으로 말하는 사람과 듣는 사람에게 필요한 상상은 화자와 청자의 의지에서 나온다. 화자의 의지는 자음을 발음하는 방식에서 드러난다. 이렇게 되면 약간 강조하는 화법이

나오게 되는데, 이는 스토리텔링의 일부이며 모든 무대 말하기의 기본이다. 알다시피 설득력 있는 말하기에서 큰 비중은 배우가 감당해야할 몫이다. 듣는 이가 온전하게 이해하기 바랄 때는 천천히 강조하듯 또박또박 말한다. 그래야 듣는 이가 온전히 집중하기 때문이다. 새뮤얼 테일러 콜리지Samuel Taylor Coleridge의 서사시 〈늙은 선원의 노래The Rime of the Ancient Mariner〉에서 늙은 선원은 길 가던 사람이 자기 이야기에 귀 기울이게 하고자 '반짝이는 눈으로 그를 붙잡는다.' 이 모두가 스토리텔링의 일부이며, 연기의 일부이다.

스토리텔링

단어마다 그에 맞는 제스처를 찾을 수 있다. 이 것을 이해하기 위해서 다른 사람이 읽어주는 이야기를 들으며 마임을 해본다. 한 단어가 자체로 온전한 경험인 것처럼 한 번에 한 단어씩 동작을 한다. '~안에', '~에서', '~로' 같은 전치사나 '서둘러', '마지못해' 같은 부사 하나도 그냥 지나치지 마라. 처음에는 시간이 좀 걸리겠지만, 조금씩 모든 단어가 온전한 의미와 무게를 가지게 될 것이다.

　모든 단어를 이렇게 마임으로 푸는 연습을 처음 했을 때

나는 그동안 단어에 담긴 이미지와 표현들을 얼마나 많이 놓쳐왔는지 깨달을 수 있었다.

몇 개의 문장을 마임으로 표현하고 움직여본 다음, 책을 읽어주던 사람과 역할을 바꾼다. 마임으로 표현해봤던 단어들이 생생하게 살아나면서 춤추듯 말하게 될 것이다. 이 활동을 통해 배우는 서사적 말하기와 서술적 말하기 양식을 이해하고, 말하기에 이용하는 모든 표현 수단이 온전하고 제대로 발음한 단어라는 든든한 토대 위에 안정감 있게 놓여야한다는 사실을 깨닫는다.

중국 이야기 『신필마량神筆馬良』의 한 토막을 서사적 양식으로 말하면서 단어마다 그에 맞는 마임을 해보자.

어느 날 마량이 장작 한 다발을 짊어지고 이웃 마을을 지나가다 한 선생이 서당에서 그림을 가르치는 것을 보았다. 그 모습을 보자마자 자기도 모르게 서당 안으로 성큼성큼 걸어 들어간 량은, 그림을 그려보는 것이 소원이니 자기에게도 붓을 줄 수 있겠냐고 청했다. 행색이 초라한 나무꾼이 그런 부탁을 하자, 선생은 깜짝 놀랐다.

"이런 버릇없는 놈을 보았나! 이처럼 고상한 예술이 네놈 같은 부랑자나 거지에게 어울린다고 생각하느냐? 썩 물러나지 못할까!"

이렇게 호통을 친 선생은 다시 붓을 집어 들고, 계속 그림을 그렸다. 낙담한 량은 터덜터덜 걸어 나왔다.

하지만 량은 희망을 버리지 않았다. 제대로 된 붓으로 그림을 그릴 수 없었지만, 닥치는 대로 손에 잡히는 모든 도구로 그림을 연습했다. 하루 종일 나무를 베어 장작을 산더미처럼 지고 산을 내려오다가 잠시 쉴 때면, 근처에 넓고 평평한 바위가 있는지 둘러보았다. 그리고 그 바위 위에다 끝이 뾰족한 돌로 주변 풍경이며 산에 사는 동물, 새 들을 그렸다. 강으로 고기를 잡으러 갈 때도 뾰족한 막대기로 고운 흙 위에 시간 가는 줄 모르고 그림을 그리곤 했다. 집에 들어가면 낮에 본 광경을 흙벽 위에 빼곡하게 그려 넣었다. 그 그림을 본 마을 사람들은 감탄하면서 그림이 아니라 진짜 사람이나 동물이 걸어 다니는 것 같다고 칭찬을 아끼지 않았다. 단지 량에게 부족한 것이 하나 있었으니, 바로 붓이었다.

(『배우, 말하기, 자유』를 다 읽은 뒤에 다시 한 번 이 연습을 해보기를 권한다)

마임

마임을 할 때는 실제 사물을 들고 동작하지 않는다. 아무것도 없는 빈 공간에 그 사물이 존재하도록 만든다. 컵을 쥐는 손 모양에 따라 컵이 나타나고, 식탁보를 펼치는 손동작에 따라 탁자가 나타난다. 사물을 드러나게 하는 것은 배우의 손과 손 사이의 공간이다. 탁자나 의자, 문 등을 표현하고 싶을 때는 사물을 '어루만져서' 존재하게 한다.

『신필마량』 같은 이야기를 한 단어 한 단어 몸짓 언어로 표현하다보면, 배우는 공간을 형성하고 다룬다는 말의 의미를 감지하게 되고, 공간이 스스로 형태 만드는 힘을 지니고 있음을 알게 된다.

공간의 형태를 빚는 감각이 제스처 속에 있을 때 배우의 움직임은 살아있게 된다. 더 근본적으로 이 감각은 배우가 말하기도 같은 자세로 대할 바탕을 만들어 준다. 이에 관해서는 뒤에서 살펴 볼 것이다.

⦃연습2⦄ 공간을 만드는 감각 연습

상상력 훈련에 유일하게 옳은 길이란 없다. 다음과 같은 방식으로도 마임을 연습할 수 있다.

- 점토를 이용한 조형물 만들기, 주전자, 그릇 만들기 등
- 캔버스를 멀리 놓고 긴 붓을 이용하여 그림 그리는 화가

- 탁자를 펴고, 천을 깔고, 초를 세우고 불 켜기
- '문이 많은 집'에 크기가 다른 여러 방 지나가기. 연회장을 지나 식료품 창고로, 식료품 창고에서 큰 계단으로, 그리고 좁은 복도 지나가기

보이는 제스처, 보이지 않는 제스처, 그림자 제스처

천천히 팔 하나를 들어 올리는 상황을 생각해보자. 그런데 이번에는 좀 다른 상상을 해보자. 실제로 팔을 들어 올리지 않으면서 그 행동을 경험하는 것이다. 그 행동은 분명히 존재하지만 들어 올리려는 충동에 따라 팔을 움직여서 그 제스처를 눈에 보이게 할지 아닐지는 본인이 결정하는 것이다.

내적으로는 앞에 놓인 음식 접시에 손을 뻗고 싶지만, 외적으로는 그 행동을 억제한다. 눈에 보이지 않는 제스처가 분명히 존재하지만 단지 겉으로 보여주지 않을 뿐이다. 이 단순한 개념이 '연기의 제 1원칙'이다.

배우는 자기가 할 제스처를 내적으로 경험해야 한다. 어떤 동작을 보여주고 보여주지 않을지는 배우의 예술적 선택이다. 이런 '내적인 제스처 (또는 눈에 보이지 않는 제스처)'가 내면에만 존재하는 것이 아니라 외부에서 우리를 감싸고

있다고 상상해 보자. 그 제스처는 우리보다 훨씬 크며, 분명히 우리가 신체를 움직여 보여줄 수 있는 어떤 행동보다 역동적이며 살아 있다.

요즘에는 눈에 보이는 행동 중에서 일부를 그것도 아주 위축된 형태로 모방하면서 그것만이 연기 예술에서 우리가 가진 표현수단의 전부라고 여기는 경향이 있다. 하지만 적어도 준비 과정에서라도 보이지 않는 제스처에 대한 감각을 갖고 연기를 하다보면, 관습적인 행동 표현을 훌쩍 뛰어넘는 표현 양식을 자유롭게 선택할 수 있을 것이다.

루돌프 라반Rudolf Laban (헝가리 출신 무용 지도자)은 '시대의 질병'을 언급하면서 자신이 보기에는 그것이 '그림자 제스처'라고 말한 적이 있다. 그림자 제스처란 불완전한 제스처를 말한다. 모호한 손동작, 씰룩거림 또는 (라반의 표현을 빌리자면) 토닥이고 튕기기 등 요즘 배우들이 자연스럽게 보이기 위해 열심히 따라 하는 제스처를 말한다. 그렇다면 엄격히 말해 완전한 제스처란 과연 무엇일까? 여기서 말하는 제스처는 신체로 드러나는 '외양'뿐 아니라 신체적 발현을 둘러싼 훨씬 더 큰 영혼의 제스처, 눈에 보이지 않는 영혼의 제스처까지 의미함을 명심해야 한다. 온전한 제스처와 말하기를 통해 관행적 습관의 범위를 넘어 우리 내면세계를 훨씬 더 잘 드러낼 수 있다. 이런 의미에서 보면 우리는 '빙산의 일각'만 드러나는 연기 혹은 행동을 한다고 할 수 있다. 수면 밑에는 우리가 보여주려는 것보다 많은 것이 존재한다.

현대 인간의 삶을 무대라는 거울에 비출 때, 겉으로 드러난 행동 이면에 깊은 감정이 부글거리고 있음을 넌지시 암시하는 경우가 많다. 등장인물이 자기감정을 감추지 않고 속생각과 느낌을 무대에서 그대로 표현한다면, 요즘 관행으로 받아들이기 힘든 폭발적인 행동을 보이게 될 것이다.

셰익스피어의 《리어왕》 공연에서 어떤 훌륭한 작품 해석보다 배우가 왕처럼 연기하려고 하지 않을 때 사람들이 더 큰 감동을 받는 경우가 많다!

우리 모두의 내면에 살아 숨 쉬는, 타인과 심지어 우리 자신에게도 드러나지 않은 영혼의 움직임을 상상해보라! 예술에서 우리는 인간 행동의 바탕을 더 진실하게 드러낼 수 있는 방식을 찾아야만 한다.

진짜 제스처 드러내기

배우는 제스처를 가지고 춤을 출 수 있어야 한다. 이렇게 동작을 확장하는 과정은 사실적인 행동 이면에 깔린 진짜 제스처의 본성을 밝히는 데서 시작한다. 이 주제는 이후에도 자주 언급할 것이다.

연극 안에서 배우는 연필을 집어 드는 지극히 사소한 동작 안에도 인물에 대한 이해를 제대로 담아내고 싶어 한다. 그러나 그 전에 이미 그 제스처와 관련된 훨씬 더 큰 힘을 경험해야 일상적인 동작에 거대한 느낌을 더할 수 있다.

과거에 배우들은 보이지 않는 제스처를 최대한 표현하려 애썼기 때문에 연기 양식 자체가 오늘날과는 큰 차이가 있다. (과거에는 영화가 연극을 모방했다. 이것은 희극이었다. 시간이 지나면서 연극이 영화를 모방하게 되었다. 이것은 비극이 되었다)

보이지 않는 제스처를 얼마나 많이 보여줄지는 배우의 선택이다. 그러나 언제나 이전에 경험한 더 큰 영혼 제스처의 힘에서 행동이 나와야 한다. 동작만으로는 한계가 있을 수 있지만 생각과 느낌을 가장 투명하게 전달하는 수단인 목소리를 통해서 보이지 않는 거대한 움직임을 드러낼 수 있다. 말하기 속 제스처에 관해서는 뒤에서 자세히 다룰 것이다.

몸으로 행동해보기

자세에 따라 인물의 감정과 내면 분위기를 경험할 수 있다.

집중해서 정면을 응시하라. 그런 다음 시선은 유지한 채 머리를 살짝 숙이면 눈을 치켜뜨게 될 것이다. 다음에는 반대로 코 아래를 보듯 머리를 살짝 뒤로 젖힌다. 자세에 따라 완전히 다른 느낌이 들 것이다. 자세마다 그것을 창조하는 보이지 않는 제스처에 대한 느낌을 전해줄 것이다.

이번에는 발을 안쪽으로 모았다가 바깥쪽으로 벌려보라. 그 때마다 그런 자세로 서 있는 인물의 감정이 내면에서 생겨날 것이다.

모든 자세와 태도는 보이지 않는 제스처와 인물의 진실을 암시한다. 음악가는 상상 속에서 음을 듣고 그것을 연주할 때도 있지만, 반대로 음을 먼저 연주한 뒤 거기서 특정 경험을 불러낼 수도 있다. 배우도 이들처럼 몸으로 체험하면서 그 인물의 감정 속으로 들어가는 능력이 '연기의 제 2원칙'이다.

이 두 가지 원칙을 가지고 연속하는 즉흥 동작을 짜보자. 먼저 날카롭고 단호한 일련의 동작에서 시작한다. 그 동작이 내면에 불러일으키는 감정을 느껴본다. 다음에 어떤 동작이 올 수 있을지 판단한다. 천천히 미끄러지듯 동작이 이어질 것이다. 한 동작을 하고 거기서 생긴 느낌에서 다른 제스처를 선택하고, 이어서 다음 제스처를 선택한다. 이렇게 계속 이어진다. 이 때 배우는 두 종류의 경험을 하게 된다. 하나는 신체 동작으로 인해 촉발된 느낌, 다른 하나는 눈에 보이지 않는 영혼의 제스처에서 유발되는 느낌이다.

이렇게 움직임에 대한 감각을 키우면 어떻게 될까? 연습 과정 중에 그 감각이 이끄는 대로 내린 일련의 판단이 자연주의적 제스처로 인물의 행동을 전달하려는 배우의 노력과 조화롭게 흘러갈 것이다. 극 중에서 배우는 다급하게 서류를 찾으면서 서랍을 열었다 닫고, 잠시 서서 생각하다가, 무대를 가로질러 책장 앞으로 가고, 천천히 서랍을 열었다가 갑자기 치밀어 오르는 울화에 쾅 닫아버릴 수 있다. 이때 배우의 집중력 중 적어도 절반은 각 제스처의 역동을 느끼는데 몰두한다. 이것이 바로 연기의 비밀스런 측면, 연기의 음악성, 들리지 않지만 존재하는 화음이다.

이렇게 볼 때 무대에서 드러나는 사건의 외양은 연기의 일부에 지나지 않는다. 눈에 보이지는 않지만 역동을 창조하는 형성력에 대한 느낌이 그 너머에 존재한다. 연극 무대에 꼭 필요하면서 연기에 신비로움을 부여하는 그 특질은 오직 경험을 통해서만 온전히 체험할 수 있다. 우리는 이 부분을 오랫동안 잃어왔다. 오직 배우만이 그것을 되찾을 수 있다.

휴가 때 우리는 스키나 등산, 윈드서핑, 산책처럼 좋아하는 운동을 하며 시간을 보낸다. 신체를 움직이면서 개인적 경험을 얻는다. 반면 신체를 거의 움직이지 않으면서 내면 활동으로 경험을 얻기도 한다. 새 관찰, 그림 그리기, 독서, 흥미로운 장소 방문하기, 바닷가에 가만히 앉아있기 등 일종의 관찰 행위가 여기에 속한다. 이럴 경우 신체 활동은 거의 혹은 전혀 없지만, 내적 활동은 훨씬 많이 일어난다.

이를 보면 눈에 보이게 신체를 움직여서 얻는 경험도 있고, 신체를 움직이지 않으면서 얻는 경험도 있음을 알 수 있다. 배우는 실제 움직임과 목소리의 어조에서 얻는 체험뿐 아니라 아직은 행동화 되지 않은 상상의 경험에서 느낌을 끌어낼 수도 있어야 한다.

체조에는 이 두 가지 요소가 완벽한 균형을 이루는 경우가 많다. 창이나 원반을 던지고 나면 무게 감각과 비행 감각이 찾아온다. 이 경험 덕에 실제로 동작하기 전에 던질 때의 느낌을 지각하는 힘이 자라면서 이후에 동작이 한층 좋아진다. (이 부분은 뒤에서 다시 다룰 것이다)

먼저 경험하고 이후에 창조하는 이 과정이 바로 연기 예술이 이루어지는 토대다. 경험을 얻는 두 가지 방법을 잘 파악해서 연기 예술을 자연주의라는 구덩이에서 진짜 경험의 영역으로 끌어올릴 수 있도록 우리가 하는 모든 일 속에 잘 녹여내야 한다.

{연습3} 태도

눈에 보이지 않지만 살아있는 제스처에 대한 감각을 얻기 위해 아래 나열한 감정과 태도를 하나씩 살펴보자.

먼저 자연주의 방식으로 그 감정을 표현해보자. 예를 들어, '걱정스러운' 태도에서는 두 손을 비비거나 턱을 긁적일 수 있다. 보통 자기 동작에 대한 경험과 기억에서 행동을 택한다.

이번에는 제스처를 춤으로 표현하면서 제스처를 열고 공간 속으로 확장시켜보자. 이를 통해 보이지 않는 동작에 한 발 더 가까워지고, 자연주의 표현이 진실한 표현에 비해 얼마나 빈약한지 깨닫게 된다.

여러 가지 태도

화난 angry

고뇌에 찬 anguished

염려하는 anxious

불안한 apprehensive

놀란 astonished

경외하는 awed

어색한 awkward

적대적인 belligerent

자애로운 benevolent

떠들썩한 boisterous

허풍 떠는 bombastic

너그러운 bountiful

주의 깊은 careful

비판적인 censorious

자만하는 conceited

걱정하는 concerned

확신에 찬 confident

은밀한 confiding

혼란스러운 confused

사려 깊은 considerate

논쟁하는 contentious

용감한 courageous

교활한 cunning

위축된 daunted

신중한 deliberate

절망하는 despairing

자포자기한 desperate

낙담한 despondent

의심하는 doubting

열망하는 eager

용기를 주는 encouraging

열정적인 enthusiastic

부러워하는 envious

격분한 exasperated

광신적인 fanatical

무시무시한 fearful

무기력한 feckless

사나운 fierce

황량한 forlorn

제정신이 아닌 frantic

조바심치는 fretful

광분한 frenzied

다정한 friendly

수다스러운 garrulous

관대한 generous

온화한 gentle

화려한 glamorous

우울한 gloomy

웅장한 grand

갈망하는 longing

터무니없는 ludicrous

도량이 넓은 magnanimous

악의적인 malevolent

적의 있는 malicious

감상적인 maudlin   진기한 quaint

과장된 melodramatic   낙천적인 sanguine

비참한 miserable   짓궂은 saucy

인색한 miserly   흉포한 savage

조롱하는 mocking   감상적인 sentimental

침울한 moody   불길한 sinister

평화적인 peaceful   샐쭉한 sulky

수심에 잠긴 pensive   의혹을 갖는 suspicious

심술부리는 pettish   모호한 vague

심통 사나운 petulant   헛된 vain

젠체하는 pompous   자만심이 강한 vainglorious

강한 powerful   격렬한 vehement

자랑스러워하는 proud   복수심에 불타는 vengeful

내숭 떠는 prudish   동경하는 yearning

결의에 찬 purposeful   열성적인 zealous

{연습4} 비밀 자아 놀이
_ 보이지 않는 동작을 보이게 만들기

두 남자가 책상을 사이에 두고 앉아 있다. 책상 위에는 체스

판이 놓여 있고, 둘은 곧 게임을 시작하려 한다. 두 사람 뒤에는 사람이 각각 한 명씩 서 있다. 이들은 앞사람과 닮았으나 의상이 더 화려하다.

두 남자는 체스 판을 바라본다. 게임이 진행되면서 긴장감이 점차 고조된다. 네 명의 인물은 뚫어지게 체스 판만 쳐다보고 있다. 왼쪽에 앉은 인물이 오른손을 꼼지락거리며 입술을 오므리기 시작한다. 뒤에 서 있는 인물은 그의 비밀 자아로서, 승리의 자세로 몸을 확장한다. 남자는 손을 뻗어 천천히 체스 말을 들어 올리더니 아주 신중하게 새로운 위치에 말을 옮겨놓는다. 오른쪽에 앉은 참가자가 손가락으로 입술을 만지작거리며 깊은 생각에 잠긴다. 그의 비밀 자아는 두려움에 천천히 몸을 웅크리고 팔로 머리를 감싼 채 주위를 살핀다. 그는 망설이듯 천천히 앞으로 나오다가 다시 풀쩍 뛰어 뒤로 물러나지만 곧 다시 조금씩 앞으로 나간다. 비밀 자아의 큰 동작은 앞에 앉은 사람의 미세하게 망설이는 손동작에 반영된다. 마침내 체스 판의 말 하나를 움직인다.

왼쪽 사람의 비밀 자아는 의심의 몸짓으로 몸을 비틀며 웅크리고, 자리에 앉아 있는 사람은 고심하는 듯 코를 꼬집다가 천천히 말을 옮긴다. 오른쪽에 앉은 상대방은 박력 있게 손으로 머리카락을 쓸어 넘기고 손가락을 마주 대고 누른다. 그의 비밀 자아는 기쁨과 희망의 춤을 춘다. 그러다가 실제 자아에게 살금살금 다가가 앞사람 팔 밑에 자기 팔을 넣고 함께 말을 옮긴다. 왼쪽에 앉은 사람은 미동도 하지 않지만, 그의 비밀 자아는 절망에 빠져 쓰러진다. 마임이 계속 되다가 '체크 메이트'라는 소리와 함께 한쪽의 비밀 자아가 다른 비밀 자아를 쓰러뜨리며 끝난다. 의자에 앉아 있던 두 남자는 천천히 일어나 '좋은 승부였어요.', '즐거웠습니다.' 같은 인사말을 몇 마디 주고받는다. 두 비밀 자아는 서로 뒤엉킨 채 쓰러져있다.

{연습5} 공간 감각

❖ 윌리엄 사로얀William Saroyan의 《동굴 속의 사람들》중 1막 1장

한 지역의 건물들이 무너지면서 폭발음이 연이어 들린다. 한 여자가 극장 안으로 뛰어 들어와 권투 선수 듀크와 마주친다.

여자 : 세상에, 무슨 일이죠?

듀크 : 괜찮아요. 별일 아닙니다. 건물 해체 업자들이에요. 낡고 오래된 건물들을 무너뜨리는 중이죠.

여자 : 아, 전 어딘지도 모르고 막 뛰었어요. 여기가 어디죠?

듀크 : 여긴 오래된 극장입니다. 이리 오세요. 구경시켜 드릴게요. 여기가 무대랍니다. 저쪽은 오케스트라 석이고, 저 바깥에 보이는 게 관람석, 그 위는 발코니석이에요. 보이나요?

소녀 : 네, 잘 보여요. 무대에서 극장을 바라보는 건 처음이에요. 느낌이 참, 뭐랄까, 자랑스럽다고 해야 되나. 왠지는 모르겠지만, 그러네요. 음, 저는 이만 가봐야겠어요. 고맙습니다.

듀크 : 별 말씀을.

소녀 : 혹시, 제가 여기 좀 더 있어도 될까요?

듀크 : 여기요? 안됩니다. 여긴 우리 공간이에요.

배우의 내적 움직임

사방은 바늘 떨어지는 소리가 들릴 만큼 고요하다. 느닷없이 커다란 폭발음이 들리면서 극장 전체로 진동이 퍼져 나간다. 갑작스런 폭발음이 다시 한 번 극장 안의 공기를 뒤흔든다. 그러고는 문이 열리며 한 인물이 공간 안으로 들어온다. 여자 배우의 움직임이 공간을 다시 한 번 흔들어놓는다. 여자는 길을 잃었고, 내면 공간 역시 산산이 부서졌다. 배우는 등장인물의 혼란스러운 내면 공간을 체험한다. 그 체험을 이용해서 극장 공간 속으로 떨리는 말을 뱉어낸다. 그 말은 듣는 사람의 내면에 공포로 인한 떨림을 재창조한다. 듀크는 완전하고 둥근 자음으로 사려 깊고 무게 있게 공간을 차분하게 지탱하며 말한다. 그의 말은 여자뿐만 아니라 듣는 사람들까지 다독인다. 여자는 듀크의 어조에 맞추어 대답하면서 흥분을 가라앉힌다. 이 상태는 두 사람이 공간을 정상적인 비율로 제한하면서 주고받는 대화에서 드러난다. "아, 전 어딘지도 모르고 막 뛰었어요." 처음에 여자는 자기 안으로 움츠러들었다. 극장이 건물이라는 것을 인지하고난 지금은 극장 형태 속으로 의식적으로 확장하기 시작한다. 그 행위는 "여기가 어디죠?"라는 대사로 구현된다.

먼저 이 공간을 발견하고 잘 알고 있는 듀크는 여자를 무대에서 오케스트라 석으로, 또 갤러리로 안내한다. 여기서도 제스처가 도움을 주지만 목소리가 객석을 에워싸며 울리기 때문에 공간이 확장된다는 듀크의 느낌을 관객들도 실재처럼 체험하게 된다. 여자도 같은 경험을 공유하고 그와 함께 자부심이란 감정이 찾아온다. 이 상태에 이르자 배우는 내적으로 움츠러들기 시작한다. 그러다가 마침내 다음 대사를 말할 적절한 상태에 이르렀다고 느낀다. "음, 저는 이만 가봐야겠어요. 고맙습니다." 듀크는 "별 말씀을"이라는 대사로 여자를 다시 현실로 돌아가게 한다. 이제 여자는 작고, 공간은 크다. 떠나려던 여자는 돌아서서 공간 안으로 손을 뻗어보지만, 그들 사이에는 이미 깊은 심연이 생겼다. 여자는 무대 반대

편에 있는 듀크에게 다가가며 말한다. "제가 여기 좀 더 있어도 될까요?" 듀크는 깜짝 놀라며 "여기요?"라고 되묻더니 "안 됩니다. 여긴 우리 공간이에요"라고 말하며 그녀를 밀어낸다.

3 배우의 몸

"연기할 때 나(배우의 자아)는 어디에 있는가?"라는 질문으로 돌아가 보자. 앞에서 배우의 자아는 고든 크레이그가 무대 위에 창조한 공간에 서 있었다. 그 공간은 배우에게 영감을 주고자 만든 공간이었다. 여기서 이 책이 연기하는 방법을 가르치는 교과서가 아니라는 점을 다시 한 번 강조하고 싶다. 이제 부터는 독자가 타고난 연기력을 가지고 있다고 가정하고 이야기 해나갈 것이다. 연기하는 데 방해가 되는 두 가지 요소가 있다. 첫째는 말하기와 움직임에서 연기를 실제로 느끼지 못하게 가로막는 요소다. 둘째는 개인적 자아를 표상 속으로 끌고 들어가지 않으면서 상상의 힘으로 자유롭게 연기하는 것을 방해하는 우리 내면의 요소다. 이제 인물이나 해석이 아닌 배우로서의 과제를 잘 수행할 수 있도록 배우의 움직임과 말하기를 자유롭게 해방시킬 방법에 대해 살펴볼 것이다.

신체 무게에 대한 감각_ 역설의 원리

체조를 할 때 우리는 신체 무게를 지각할 기회를 얻는다. 신체에서 자유로워지는 느낌과 함께 신체를 도구로 인식하게 된다.

신체에서 해방되는 느낌은 긴장 대신 무게감을 느낄 때 찾아온다. 긴장에 사로잡힌 배우는 움직임이나 말하기로 자신을 확장할 수 없다. 긴장을 무게 감각으로 바꿔주는 훈련은 근육을 이완하는 한편, 배우가 말하기와 제스처에서 큰 자유로움을 느낄 수 있게 해준다.

이완된 무게감을 느끼면서 팔을 들어 올리고 손목을 돌리고 다리를 움직이다보면 움직임을 객관화할 수 있다. 팔을 들어 올리면서 마치 다른 사람의 팔인 것처럼 바라보라. 손을 펴거나 가볍게 주먹 쥐는 것을 바라보되 마치 자기와 상관없이 벌어지는 일인 것처럼 움직임에 경탄하라. 그러면 무게 의식의 진정한 효과를 느낄 수 있을 것이다. 물론 여기서 말하는 무게는 피곤하거나 에너지가 고갈되었을 때처럼 무겁고 축 처지는 상태가 아니다. 아래로 잡아당기는 중력과 인간의 자연스런 직립 사이를 오가는 균형 잡힌 무게 감각을 느끼는 것이 중요하다.

움직임의 객관화를 말하기에도 적용시킬 수 있다. 팔을 올리면서 움직임을 관찰하는 것처럼, 말을 하면서 소리를 관찰할 수 있다. 여기서도 신체의 무게 감각이 중요하다. 무게 감각으로 인해 우리는 균형 잡고 편안하게 설 수 있으며, 그 결과 우리에게서 나온 말하기가 주변 공기 속으로 흘러 나갈 수 있다.

긴장은 움직임과 말하기를 방해할 뿐만 아니라 배우를 개인적인 특성에서 벗어나지 못하게 한다. 긴장한 상태로 연기를 하면 배우의 개성이 과도하게 개입하기 쉽다. 긴장을 풀어야 신선한 상상력이 표출될 수 있다.

아주 모순된 말이지만 무게감을 느끼기 때문에 깃털 같은 가벼움을 경험할 수 있다. 움직임 속에 무게감이 담겨있을 때 신체는 지극히 편안하게 움직이고 행동을 직조한다. 몸집이 크고 무거운 사람도 발끝으로 가볍게 설 수 있지만, 긴장한 상태에서는 깡마른 무용수나 배우도 가볍고 자유로운 느낌을 전달하지 못하는 것은 바로 이런 이유 때문이다.

자기 몸무게를 느껴보자. 연습 전 몸 풀기 할 때처럼 바닥에 등을 대고 누워서 몸 전체가 바닥을 내리누른다고 느껴질 때까지 모든 부위의 긴장을 푼다. 모래 위에 자국을 만든다고 상상해보자. 들숨보다는 날숨에 집중한다. 이 때 느끼는 것이 '신체 순 질량'이다. '순 질량'은 내 몸의 무게가 있는 곳에 내가 있음을 믿게 만들어준다. 무대에 서 있거나 움직일 때 몸무게에 대한 감각이 있으면 확실한 '존재감'을 만들어낼 수 있다. 처음에는 그 이상을 만들 필요가 없다. 무게감과 함께 우리는 지상에 '착륙'한다. 신체 무게를 이동시킨다고 느끼면서 움직이거나 제스처를 하면 자연스러운 '존재감'을 유지할 수 있다. 이런 무게 감각이 있을 때 배우는 고든 크레이그의 무대를 위엄 있는 태도로 만날 수 있다. 무게감을 한층 깊이 경험하기 위해 누운 자세에서 똑바로 설 때까지 몸을 밀어 올려보자. 여기서 '밀어 올린'다는 표현을 썼다. 이는 우리가 몸을 일으켜 세울 때 무릎과 팔꿈치를 어떻게 밀어서 몸을 들어 올리는지 생각해보기 위해서다. 이런 종류의 연습이 새로운 것은 아니지만 배우들에게는 새로운 표현 수단을 얻는 지렛대 역할을 할 수 있다. 몸을 밀어 올려 일어서는 과정을 하나하나 생각하다보면 평소에 의식하지 못했던 뼈와 근육, 관절, 팔다리, 몸통 등의 신체 부위를 인식할 수 있다.

감정의 상

별다른 동기 부여 없이 움직임 자체를 경험하는 연습에 이어, 강렬한 느낌이나 감정을 의미하는 자세를 인형처럼 취하는 연습을 해보자. 각 동작은 분노, 공포, 걱정 같은 감정의 '상'을 나타낸다. 몸이 감정의 상형 문자가 된 것처럼 팔다리로 자세를 만들어 그 감정을 표현한다. 예를 들어 '애원'이라는 감정의 본질을 느낄 수 있도록 그 제스처를 경험하는 것이다.

유치해보일 수도 있는 이 연습의 목표는 제스처에 대한 감각을 일깨우는 것이다. 배우의 연기란 제스처를 낳는 동기와 그 동기를 충족시키는 과정에서 만나는 경험 사이에 존재하기 때문이다. 동작의 이유도 중요하지만 행동 자체가 배우에게 미치는 영향도 중요하다. 공연을 위한 연습 과정에서 인물을 연기하다보면 이 말의 의미를 이해할 수 있다. 인물 분석을 너무 많이 하면 오히려 제스처에서 그 인물을 이해하는 자연스런 본능을 상실할 수 있다.

무거운 동작에서만 '신체 조음'과 '무게 이동', 그리고 '균형 감각'을 경험하는 것은 아니다. 심리학적으로 볼 때 동작 속에 무게감이 들어 있지 않으면 어떤 동작이든 의도가 약해지면서 행동의 목적이나 힘이 전달되지 않는다. 루돌프 라반이 '그림자 제스처'라고 불렀던 일상적인 동작에서도 이를 찾아볼 수 있다. 하지만 배우의 움직임이 효과적이면서 '무게감'을 지니려면 제스처를 의식하게 만들어야 한다. 그러므로 무대 위에서 걸을 때 그 한 걸음 한 걸음은 다음 움직임을 위한 헌신이어야 한다. 고대 그리스 5종 경기에서도 모든 발걸음은 우승을 향해 온전히 헌신하는 과정이었다. 배우가 이런 감각을 가지고 움직이면 관객의 주의를 사로잡기 때문에 관객이 배우 내면의 목표를 만나게 된다.

체조

고대 그리스인들은 배우가 갖추어야 할 두 가지 필수 요소로 용기와 본능적으로 즉시 적절한 행동을 할 수 있는 감각을 강조했다. 그리스 체조 훈련[12]은 이 두 번째 감각을 일깨웠다. 이를 무의식적 협조 능력이라고도 부를 수 있다. 보통 발을 구르며 손뼉을 칠 때는 생각에 집중하려고 애를 써도 그럴 여유가 없다. 그런데 그렇게 리드미컬한 춤을 추다가 신체 움직임 자체에 본능적인 영리함wit이 깃들어있음을 경험할 때가 있

---

[12] 고대 그리스 교육은 심신의 조화와 균형을 추구하고, 착하고 아름다운 인간을 기르는 데 궁극적 목적이 있었기 때문에 가장 먼저 음악 학교와 체조 학교가 생겨났다. 체조 교육에 있어서도 이는 다른 학문과의 유기적 연관 관계 안에서 육체적·정신적·영적 평안과 활력을 가진 시민을 기르고자 하는 데 목표가 있었다.

다. 엘리자베스 시대에는 인물에 대한 배우의 신체 적응성을 언급할 때 위트라는 단어를 사용했다. 당시 희극인 이었던 네드 탈레턴Ned Tarleton의 '영리한witty 모리스 춤'이 그 경우에 해당한다. 타고난 배우라면 이런 신체적 영리함을 가지고 있겠지만 이는 후천적으로 발견하고 살릴 수 있는 재능이기도 하다. 배우가 '적절한 때 적절한 행동'을 할 수 있는 건 바로 '신체적 영리함'에서 나오기 때문이다. 이쪽으로 발달한 사람은 상황의 적절함과 부적절함을 직관으로 느끼고 결정을 내릴 수 있는 특별한 촉이 있는 것처럼 보인다. 숙련된 운동선수가 순간적으로 상황을 판단하고 확실한 결정을 내릴 때와 비슷한 능력이다. 이는 본질적으로 팔다리를 움직여 제스처를 하고 말하기로 형상을 빚는 힘과 동일하다. 사고 활동보다 훨씬 빠른 속도로 결정하고 행동하게 하는 또 다른 종류의 지능이라고도 말할 수 있다.

그리스 5종 경기

달리기, 높이뛰기, 원반던지기, 창던지기, 레슬링, 이 5가지 종목에는 앞서 설명한 특성들이 균형 있게 들어있다. 이 연습은 배우에게 눈에 보이는 제스처를 넘어 저 먼 공간까지 이르는 움직임의 방향과 공간 감각을 길러준다. 또 내적 체험과 외적 경험이 상호 보완하며 서로를 지지할 수 있도록 완벽하게 구성되어 있다.

【달리기】 달리는 목적을 상상해보자. 뭔가에 밀려나듯 전력을 다해 달아나는 달리기가 있고, 어떤 대상에 강하게 끌리듯 다가가는 달리기도 있다. 그저 좋아서 달릴 수도 있다.

달릴 때 우리는 상체에서 하늘을 나는 것처럼 붕 뜬 느낌을 받는다. 그리스 운동선수들은 날아오르는 느낌을 강화하기 위해 양팔을 앞으로 쭉 뻗은 자세로 달렸다. 배우에게 달리기는 꼭 필요한 훈련이다. 다리에서 위쪽으로 솟는 추동력과 가슴 부위에서 부력이 떠받치는 느낌 사이의 상호작용을 경험할 수 있기 때문이다. 이를 통해 배우는 공기와 땅이라는 두 경험 사이에서 중재자가 되는 법을 배운다.

위아래에 대한 경험에 달리는 방향의 경험을 추가할 수 있다. 뒤에서 누가 떠미는 것처럼 달릴 수도 있고, 결승선을 눈앞에 두었을 때처럼 앞에서 끌어당기듯 달릴 수도 있다. 달리기 연습은 이런 여러 방향을 하나로 통합해서 배우가 움직이고 말할 때 내적, 외적으로 적절한 자리를 잡을 수 있게 해준다.

【높이뛰기】 달리기가 하늘과 땅 사이에서 중심을 잡으려는 노력이라면, 뛰어오를 때 운동선수나 연기자는 자신의 의지로 어떤 행위를 하겠다는 결정을 내린다. 어떤 상황이나 일종의 장애물이 다가온다면 달리는 사람은 자기 의지를 앞에 놓인 상황에 맞게 조절해야한다. 장애물을 뛰어 넘겠다는 개인적 의지로 보폭을 조절한 다음 땅을 박차고 뛰어 오른다. 그 순간 '얍!' 또는 '으랏차!' 같은 기합을 넣는 경우가 많다. 움직임과 소리가 합쳐지면서 단호한 결단의 힘을 준다. 동작 자체는 강하고 크지 않아도 적절한 분위기를 내기 위해서는 의도를 강하게 표출해야 한다. 이 연습을 통해 '다가가는' 동작의 다양한 역동을 경험할 수 있다. 느리게, 꼿꼿하게, 빠르고 가볍게, 무겁게 발을 질질 끌면서, 머뭇거리면서 등 다가가는 동작에도 여러 태도가 있다.

【원반던지기】 원반던지기는 지평선 끝까지 힘을 내보내는 동작이며, 외부 상황을 조율하는 힘을 키워준다.

실제로 원반 던지는 연습을 할 때 이 두 가지 힘을 느낄 수 있다. 처음에는 '교실'에서 토론하는 과정이 필요할 수 있지만 하면할수록 연습 자체에서 많은 것을 배울 수 있을 것이다.

먼저, 묵직한 원반을 손에 쥐고 몸 바깥쪽으로 돌린다. 회전할수록 원반이 몸에서 멀어지지만 손을 벗어나지는 않는다. 우리가 손끝의 힘을 풀지 않은 채 원반을 꼭 붙들고 있기 때문이다.

원반을 들고 돌 때 원반이 우리 몸을 잡아 늘이는 것 같은 인상을 받는다. 먼저 (상징적 의미로) 어둠 속에 웅크리고 있을 때는 머리를 숙이고 몸을 뒤쪽으로 비튼다. 몸을 반대쪽으로 풀면서 원반을 손에 쥐고 나선형으로 움직인다. 마침내 팔을 완전히 펴고 몸을 길게 늘인 상태가 된다. 원반던지기의 진정한 비밀은 그 다음 순간이다. 원반을 그냥 놔주는 것이다. 힘껏 던지거나 비틀거나 살짝 밀치는 등 어떤 식으로든 원반을 '밀어내지' 않는다. 원반이 빙빙 돌면서 깔끔하게 날아오르게 하려면 욕심부리지 말고 그냥 놔주어야 한다. 웅크린 자세의 중심을 몸의 가장 먼 경계까지 확장시킨 다음, 손을 놓아 원반이 날아가게 한다.

원반이 손에서 떠나면 날아가는 길을 눈으로 따라가면서 지켜보아야 한다. 우리 자신이 풀려 나가는 느낌, 나선 궤적을 그리며 멀리 날아가는 느낌, 저 멀리 지평선까지 확장되는 느낌을 통해 배우는 동작을 밖으로 멀리 보내는 느낌을 경험한다. 이는 배우의 모든 동작에 항상 수반되어야 하는 느낌이다. 무대에서 움직일 때 배우는 자기 위치가 극장 공간 전체에 영향을 미친다는 것을 분명히 인식해야 한다. 무대 뒤쪽으로 이동할 때 자기 움직임으로 인해 극장 공간이 어떻게 확장하는지, 앞쪽으로 이동하면서 공간이 어떻게 수축하고 집중하는지를 느낄 수 있어야 한다. 왼쪽이나 오른쪽으로 이동할 때도 배우는 자기 위치에 따라 전체 공간이 어떻게 재편되는지를 느낄 수 있다. 원반던지기 연습에서 공간과 움직임에 대한 감각이 자라난다.

【창던지기】 이 활동은 움직임의 면을 바꾼다. 원반던지기에서는 나선형으로 몸을 펴면서 지평선 끝까지 몸을 확장한다. 추동력을 받으며 날아가는 원반은 일정한 방향으로 나아가면서도 원형이 만드는 면의 바깥으로 확장된다. 원반이 원심력으로 잡아당기는 느낌에서 풀려나면서 지평선까지 사방으로 확장되는 느낌을 받는다.

창던지기에서 받는 느낌은 완전히 다르다. 창던지기는 창을 던지기 위해 몸을 뒤로 젖혔다가 앞으로 나가는 제한된 동작으로 이루어져 있다. 폭이 좁고 방향성이 뚜렷한 던지는 동작은 등 뒤 눈에 보이지 않는 공간에서 힘을 끌어내기 위해 몇 걸음 물러나는 동작과 합쳐진다. 이것은 움직임의 기억에 작용하여 무대 말하기에 영감을 준다. 어떤 힘으로 인해 우리는 말을 하게 될까? 말하기의 원동력을 문득 뇌리를 스치며 떠오르는 생각이라고 상상해보자. 우리는 그 생각을 받아 다시 공간 속으로 던진다. 창던지기 연습을 통해 몸에 각인시킨 기억은 무대 말하기의 내적인 준비 동작이 된다. 대사를 던질 때 '창던지기 감각'이 본능적으로 떠오르게 되는 것이다.

창던지기를 준비하는 동작에서 몸통과 팔과 손의 위치가 옳은지를 확인해야 한다. 그렇지 않으면 각도가 잘못되어 창이 바닥에 내리꽂힐 수 있다. 창의 위치를 잘 관찰했으면 던지기 위해 팔의 위치를 몸 뒤쪽으로 전환한다. 심리적 차원에서 이 동작 역시 배우가 눈에 보이지 않는 등 뒤 공간으로 의식을 집중하게 만든다. 이 공간이 던지기(와 말하기)의 원동력을 파악하고 포착하는 과정이 올바로 이루어질 수 있는 영역이다.

뒤쪽 공간으로 의식을 확장시켰다가 다시 앞으로 나가는 연습을 통해 배우는 새로운 차원의 움직임을 경험할 수 있다.

【레슬링】 레슬링은 머리 '아래쪽' 활동에 활력을 불어 넣는다. 신체의 '영리함', 다른 말로 신체를 움직이는 '지혜'를 일깨운다. 레슬링을 하면서 우리는 서로 마주잡은 채 밀고 당기면서 상대의 의지가 움직이는 방향을 '읽는' 법을 배우기 때문이다. 또 공격 의지를 가진 상대가 나를 향해 보내는 힘에 본능적으로 반응하게 된다. 이 연습은 팔다리에 힘을 불어 넣지만 근육의 긴장은 밖으로 빠져 나간다.

보통 버티거나 잡아당기는 긴장은 예술적으로 별 가치가

없다. 내면의 두려움을 보여주기 때문이다.

하지만 레슬링에서 볼 수 있는 밖으로 나가는 긴장, 밀어내는 긴장은 확장하고 뻗어나가는 동작으로, 배우의 제스처에서 힘을 빼주는 한편 무대 위에서 배우들이 서로 교감할 수 있게 해준다. 벽에 몸을 기댄 채 팔로 벽을 세게 밀다가 물러나면 팔이 저절로 가볍게 올라가는 것처럼, 레슬링을 하고 나면 움직임이 자유로워지는 느낌을 받곤 한다.

레슬링을 하면 신체의 독자적인 힘이 드러나기 시작한다. 생동감 넘치는 확장의 느낌은 무대에 서는 배우에게 꼭 필요한, 외부의 힘이 떠받쳐주는 것 같고, 공간 안에 신체와 제스처가 자연스럽게 놓이는 것 같은 '부력의 느낌'으로 이어진다.

이런 감각은 배우에게 무대 전체가 움직임으로 가득 차 있음을 느끼게 해준다. 레슬링 연습을 할 때 배우들은 서로 떨어져 있는 순간에도 공간 속에서 제스처가 계속 연결된다는 느낌을 받곤 한다. 8장(p.164)에서 다시 한 번 레슬링을 거론하면서 이 힘을 말하기의 역동에 어떻게 적용할 수 있는지 살펴볼 것이다.

이 다섯 가지 동작 연습은 시간이 지나면서 배우의 본능적 영역으로 가라앉겠지만, 결코 사라지지 않고 배우에게 주변 공간 속으로 상상력을 불어넣을 수 있는 능력을 제공한다.

상상력으로 가득 찬 공간에서 배우는 관객들과 진정으로 함께 작품을 만들 수 있다. 이 연습의 주된 목표는 배우가 자신의 예술적 본능을 발견하고, 교육이나 관습 때문에 무시했거나 아직 잠들어있는 자질들을 다시 일깨우도록 돕는 것이다.

{연습6} 레슬링을 응용한 마임

두 사람이 강을 사이에 두고 마주 보고 서 있다. 물소리가 커서 서로의 목소리가 들리지 않는다. 한 사람이 몸짓으로 다른 사람에게 징검다리를 딛고 강을 건너오라고 유도한다. 상대는 내키지 않음을 표현한다. 이들의 대화는 무언극으로 진행된다.

4 무대에서 효과적으로 말하기

지금까지 '움직임 감각'의 첫 번째 단계인 무게 이동, 균형, 상황에 따른 신체 적응, 동기 없이 행동하기 등을 연습하면서 경험했다. 이제 걷기나 달리기 같은 발걸음의 감각을 말하기로 옮겨, 살아있는 소리를 만드는 조음 연습으로 넘어가보자. '대사 따라 걷기' 연습이라고 부를 수 있으며, 단어를 징검다리를 건너듯이 대사를 말한다. 이는 무대에서 효과적으로 말할 수 있는 토대를 만들어 준다.

다음의 간단한 연습은 말하기를 통해 상대방을 향해 어떻게 다가가는 지를 보여준다. 서로 마주보며 두 줄로 선다. 두 사람 사이의 거리는 멀수록 좋다. 한 사람이 맞은편 사람에게 첫 번째 대사를 던지면, 그 사람은 대사를 준 사람의 옆 사람에게 다음 대사를 던진다. 그 사람은 다시 맞은편 옆 사람에게 대사를 던진다. 이렇게 지그재그로 대사를 주고받는다. 맨 마지막 사람이 대사를 하면 다시 위로 거슬러간다.

네가 말하는 게 사실이야?

당연하지.

그런 것 같지 않은데.

감히 그렇게 말하다니.

누가 나를 막을 수 있겠어?

내가.

난 여길 떠나고 싶어.

그럼 가. 그리고 돌아오지 마.

내가 왜 그래야 하지?

내가 원하니까.

난 그와 함께 떠날 거야.

또 누구 같이 가고 싶은 사람 있어?

나.

나도.

그럼 가.

반대편 사람에게 대사를 던질 때, 단어마다 한 걸음씩 내딛는다고 상상한다. 그 문제에 관한 최종 결정인 것처럼 진심과 확신을 담아 말한다. 이 연습에서는 내면에서 감정을 끌어내는 방식이 아니라 기법을 이용해서 감정을 표현한다. 이 기법으로 말을 하면 단어를 던지거나 밀어내는 대신 극장을 감싼 공기 방울 속에 단어가 살아있게 된다. 9장(p.181)에서는 단어를 음절 단위로 세분화해서 의식적으로 말하는 연습을 소개할 것이다.

마임과 무용극 공연을 오랜 세월 해오면서 극장에서 관객의 마음을 사로잡는 힘은 배우의 목소리에 있다는 결론에 이르렀다. 사고의 튼튼한 토대를 제공하고, 극적 행동에 효율성을 부여하며 감정을 풍부하게 만드는 것은 바로 말하기의 힘이다.

신체 연극, 그로토프스키Grotowski[13], 부조리극, 사회적 리얼리즘, 자연주의, 이런 유형의 연극은 모두 말하기의 힘과 표현력이 시들면서 나타났다. 마법 같은 힘을 가진 마임은 익숙함을 넘어서서 생각하거나 표현할 필요가 있을 때 더없이 적절하다. 여기에 음악을 곁들이면 말의 빈자리를 어느 정도

---

13 그로토프스키Jerzy Grotowski (1933-1999)_ 폴란드의 연출가, 이론가. 저서 『가난한 연극』을 통해, 배우의 중요성에 대해서 논하였고, 이는 현대 연극론과 연기론에 지대한 영향을 미쳤다.

채울 수 있다.

하지만 연극은 아둔하지도 세속적이지도 않다. 주고받는 대화는 우리가 아둔해지지 않게 해주며, 수준 높은 말하기는 우리를 세속적인 상태로 떨어지지 않게 해준다.

그러나 오늘날 학교나 대학에는 엘리자베스 시대 같은 화술과 수사법 훈련이 드물거나 전무하다. 이는 교육뿐만 아니라 사회와 연극계에도 크나큰 손실이다. 오늘날 극장을 찾는 관객 대부분이 어렸을 때부터 정규 교육에서 말하기 훈련을 받았다고 상상해보자. 아마도 배우들은 관객 대부분이 말하기 훈련을 많이 받았던 셰익스피어 시대 배우들처럼 떨리는 심정으로 무대에 서야 할 것이다.

여기서 화술이란 상류층의 언어나 멋진 수사어구가 아니라 무대 위에서 배우가 만들어내는 소리의 질 자체를 의미한다.

오페라를 즐겨 듣는 편은 아니지만 루치아노 파바로티의 하이드 파크 공연에서 재산, 성별, 연령이 다른 사람들이 한자리에 모여 앉은 것을 보고 그가 배우들보다 한참 낫다고 생각했다. 왜 연극은 저런 힘을 가질 수 없을까? 저 많은 사람이 왜 달려와 귀기울이고 있을까? 그것은 그의 목소리였다. 전달 기법은 연극의 말하기와 정반대였지만 그의 목소리가 가진 힘은 생생하게 느낄 수 있었다. 파바로티는 힘뿐만 아니라 열정적 테크닉도 뛰어난 사람이었다. 연극은 성악과 다른 기법을 사용하지만 잘 다듬고 발전시키면 남녀노소 각양각층의 사람들이 인간의 목소리를 감상하러 극장을 찾게 만들 수 있을 것이다. 노래는 부르지 않지만 사고와 이상을 이야기하고, 희망과 욕망을 토로하고, 내적 생명력을 자극해 듣는 사람들에게 생기를 주는 그런 말하기 말이다. 살아 있는 사고에는 살아 있는 말이 필요하다. 둘이 하나로 결합하면 극적인 삶과 연극의 세계가 탄생한다.

일상적인 말하기와 무대 위 말하기는 어떻게 다를까? 일상적인 말하기는 생각하고, 그 생각을 표현한다. 무대 위에서는 암기한 것을 말한다. 무대에서는 말하기와 결합한 사고 과정을 보여주지만 단어를 말할 때 사고의 흔적이 보일 뿐 실제로 무대에서 사고 행위를 하지는 않는다. 사실은 전혀 다른 일이 벌어진다. 대사를 전달할 때, 즉 '걸음을 걷듯 대사를 말할 때' 실제 사고는 전혀 들어있지 않다. 사고를 가장할 뿐이다. 그런데 그 덕에 말하기가 전적으로 배우의 의지에 반응하며 자유롭게 움직일 수 있는 여지가 생긴다. '의지로 가득 찬' 강력한 말하기가 가능해지는 것이다. 이런 말하기는 사람들의 마음을 울릴 수 있다. 관심이 생긴 사람들은 살아있는 힘을 가진 말하기를 들었을 때 귀를 쫑긋 세우게 된다. 양식 자체가 관심과 집중을 일으킨다는 것이다.

오늘날 배우에게는 단 하나의 과제, 즉 인물을 설득력 있게 연기하라는 과제 밖에 없다. 그러나 또 다른 과제도 인식해야 한다. 듣는 사람과 공명할 수 있는 수준 높은 말하기를 지키고 보존하는 과제다. 무대에서는 불안 때문에 긴장되고 위축된 말하기, 딱딱한 어조, 공격적인 말하기처럼 일상에서 흔히 들을 수 있는 수준으로 말해선 안 된다. 물론 인물을 연기하다보면 이런 특성을 표현해야하는 경우도 있지만 배우의 말하기는 어디까지나 거칠다는 인상을 주는데 그쳐야지 실제로 관객을 괴롭게 해서는 안 된다. 대사를 전달할 때 배우는 인물의 말하는 태도를 연기할 뿐, 말하기 법칙을 철저히 지키면서 소리가 자유롭고 막힘없이 호흡에 실려 흘러나오게 해야 한다.

말하기가 관객이 앉아있는 건물의 중심부에 존재하며, 극장 건물의 건축 양식이 배우의 말하기에 힘을 보태준다고 상상해보자. 고든 크레이그가 고안한 무대 장치에는 그런 힘이 깃들어 있다. 배우에게는 이중의 과제가 있다. 첫째는 인물을 정확히 그려내는 것이다. 그러려면 상황에 따라 거칠고 히스테릭하게 말할 때도 있을 것이다. 둘째는 인물을 설득력 있게 묘사하면서도 희곡 내용과 상관없이 말하기 기법을 철저히 따라야 한다. 다른 말로 하자면 실감나게 연기를 하되, 말하기가 생명력을 유지하고 살아있을 여지를 남겨두어야 한다는 것이다. 이는 앞에서 살펴본 창던지기와 같은 맥락이다. 교육학자 루돌프 슈타이너Rudolf Steiner에 따르면 고대 그리스 사람들은 대중 앞에서 멋지게 연설하는 능력을 연마하기 위해 운동 경기에 창던지기를 집어넣었다.

말하기와 제스처 속 '준비, 행동, 완성'

무대에서는 지극히 일상적인 동작에도 '준비, 행동, 완성'의 과정이 반드시 필요하다.

준비 '연기하기 전에 생각하라'는 말이 있다. 인쇄된 글자를 앵무새처럼 따라하는 연기를 포장할 때 이 말을 많이 사용한다. 준비의 개념을 이해하기 위해 창던지기 동작으로 되돌아가보자. 몸을 뒤로 젖히면서 창을 등 뒤쪽에서 곧 날아갈 것 같은 위치에 놓는다. 그 순간에 창을 어떻게 잡느냐가 비행의 질, 땅에 꽂히는 순간의 강도와 정확성, 각도를 좌우한다. 이때 '준비'는 판단과 결정의 종합체라 할 수 있는 반면, 이후 과정은 창던지는 사람, 또는 배우의 사고와 느낌에서 도달한 결정을 수행하는 인간 의지 활동에 지나지 않는다.

준비 순간이 지나면, 창(동작 또는 말)을 놓아 보낸다. 창을 놓아주기 위해 앞으로 이동하는 순간에는 사고하기가 잠잠해진다. 이제 모든 것은 행위자의 의지에 달렸다. 다만 감정 영역에서 오는 미세한 조정이 있을 수 있다.

리허설의 가장 큰 목적은 말이나 행동을 전달하기 위해 준비할 게 무엇인지를 알아내는 것이다. 창던지기에서는 준비 과정이 상대적으로 느리게 진행되지만, 배우나 말하는 사람의 경우에는 아주 짧은 경우가 많다. 어떤 행동을 결정하고 나면 곧바로 이어지는 단계 또는 제스처를 위해 다음 준비로 넘어가야 한다.

'말하기 춤speech-dances'(이에 관해선 6장(p.127)에서 자세히 다룰 것이다)을 출 때 배우는 언제나 상대가 대사를 말하기 전에 제스처를 준비해야 한다. 실천하다보면 준비 과정을 기억하는 요령을 터득하게 된다.

행동   대사를 하는 내내 자신의 의도가 무엇인지 정확히 알고, 그 의도를 의식적으로 수행할 때 가장 자연스럽고 강렬한 인상을 줄 수 있다. 처음에는 좀 딱딱해 보일 수도 있고, 연습 과정에서는 다음에 나올 태도나 제스처, 어조로 넘어갈 때 잠시 생각하는 순간이 있을 수도 있다. 그러나 배우가 자유로운 감정과 의지에 따라 대사를 전달할 때, 그 행동은 그 순간 배우에게서 자연스럽게 솟아나는 것처럼 보여야 한다.

자기가 무엇을 하고 있는지를 분명히 의식할수록 훨씬 즉흥적이고 자연스러운 인상을 준다.

완성　앞에서 루돌프 라반이 '그림자 제스처'를 나쁘게 보았다고 했다. 이는 특히 무대 공연에 해당하는 비판이다. 배우가 무대에서 하는 행동은 관객의 내면에 반영되기 때문이다. 경험에 따르면 불완전하게 끝난 연기는 공연을 묘하게 망칠 뿐 아니라, 관객들에게도 나쁜 영향을 준다. 만반의 준비를 갖추어 원반을 던진 다음 원반이 땅에 떨어지기도 전에 흥미를 잃고 돌아서는 것과 같다. 이런 '그림자 제스처'는 배우의 결정력 부족을 보여주며, 관객의 의지 영역에도 문제를 일으킬 수 있다. 이를 보완하기 위해 배우는 다음과 같은 연습을 할 수 있다. 펜을 향해 손을 뻗는다. 이는 그 자체로 완결된 행동이다. 펜을 집어 든다. 마찬가지로 완결 동작이다. 서류에 서명을 한다, 완결 동작. 펜을 제자리에 갖다놓는다, 완결 동작.

연극 속 등장인물이 별로 결단력이 뛰어나지 않을 수 있다. 그러면 이 세 가지 과정을 잘 위장해서 일상적이고 하찮은 동작처럼 보이게 만들어야 한다. 그러나 행동 안에는 분명한 절도와 질서가 존재해야 한다.

하나의 동작을 완성하면, 다음 행동을 시작하기 전에 잠깐 동안 일종의 빈공간을 만들어야 한다. 이는 연기에서 꼭 필요한 공간이며, 사실 연기 자체만큼이나 중요하다. 그 공간이 있어야 연기 속으로 새로운 원동력과 결단력이 들어올 수 있기 때문이다. 두 명의 바이올린 연주자가 아주 빠른 아르페지오를 번갈아 연주한다고 하자. 한 사람은 음표와 음표 사이에 존재하는 미세한 공간을 감지하지 못하고 음표와 음표를 계속 연결해서 연주한다. 이런 오류는 금방 눈에 띈다. 이에 비해 두 번째 연주자는 각각의 음표를 하나의 새로운 힘이라 여기면서 연주한다. 이 역시 금방 구별할 수 있다.

하나의 행동을 완결하면 새로운 준비를 시작할 수 있다. 행동을 완성했을 때 생기는 자유를 느끼지 못하면 일종의 진부함에 빠져 공연 전체를 망칠 수 있다. 창던지기로 비유하자면, 창 하나를 깨끗이 날려 보낸 다음, 한 발 물러나 새로운 창을 집어 드는 것이 아니라 창 하나를 손에 움켜쥐고 계속 찔러대는 것과 같다. 뒤로 물러나는 것은 수동적인 동작이다. 중요한 것은 새 창이다. 이런 원칙은 말하기와 제스처에도 똑같이 적용된다.

말하기를 투명하게 만들기

말로만 설명하다보니 그렇게 보일 수도 있겠지만 위에 소개한 연습은 전혀 복잡한 동작들이 아니다. 완성과 놓아줌, 뒤로 물러나기, 집어 들기, 준비하기, 전달하기라는 연속 동작을 몸에 밴 생활습관처럼 자연스럽게 떠올릴 수 있게 되면, 연극에도 음악에 못지않은 창조적 에너지가 흘러넘칠 것이다.

음과 음을 뭉개듯 연결하면서 바이올린을 연주한다고 상상해보자. 이런 식의 말하기도 있다. 뭉개면서 말하는 습관이 너무 고착되어 오히려 그쪽이 더 자연스러워 보일 수도 있다.

먼저 구와 구 사이 공간을 찾는데서 시작해서, 단어와 단어 사이에도 공간을 만든다. 그러다보면 혀가 섬세해지고 귀가 틔어서 음절과 음절 사이 공간까지 발견하게 된다. 이는 말하기를 '투명하게' 만드는 과정이다. 말하자면 말하기 속으로 빛이 들어올 공간을 만들어주는 것이다. 이를 위해서는 음악가들처럼 민첩함과 집중력을 훈련해야 한다.

말하기뿐만 아니라 생각과 움직임에도 이완과 준비의 순간을 만들면 한 덩어리로 단단히 엉켜버린 행동과 말하기에 빛이 들어갈 수 있는 틈이 생긴다.

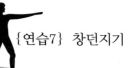

{연습7} 창던지기

이 연습은 말하기에 꼭 필요한 훈련이다. 문장이나 구에서 시작해보자. 어떤 생각을 선택한다. 자기 생각일 수도, 대본에 쓰여 있는 것일 수도 있다. 생각한 다음 말한다. 이제 또 다른 생각을 떠올려보거나 대본에서 다른 구절을 찾는다. 그러나 두 생각(또는 구) 사이에는 반드시 공간이 있어야 한다. 그것은 수용의 순간이며, 말하기에서 다음 생각이 등장하기 전에 존재해야 한다.

이 과정은 앞서 언급했던 '준비'와 연결시킬 수 있다. 하나의 생각을 말로 떠나보낸 다음, 또 다른 생각을 집어 든다고 상상하면서 말을 하면, 사고와 느낌의 진정한 본질이 배우의 연기에서 드러날 것이다. 연습할 때는 첫 번째 완결된 생각을 말한 다음, 제자리에서 한 바퀴 돈다. 다시 상대방을 마주 보고 다음 생각을 말한다. 제자리에서 한 바퀴 도는 동작은 한 가지 생각을 놓아주고 새로운 생각을 얻기 위한 방법이다. 하나를 놔주고 새로운 힘을 받는 연습은 생각과 말하기를 명확히 해준다.

새로운 생각이 화살처럼 위에서 아래로 떨어지면서 우리가 어떤 행동을 하도록 자극한다고 상상할 수도 있다. 이런 식의 사고 구축 과정이 햄릿의 대사 '죽느냐, 사느냐'에서 명확하게 드러난다. 햄릿을 향해 하나의 생각이 '뚝 떨어지고' 이어서 다른 생각이 떨어진다고 상상하면서 다음 대사를 연습해보자. 이는 떠나가는 생각을 놓아주고 새로운 생각을 붙잡는데 탁월한 연습이다.

햄릿 : 살 것인가, 아니면 죽을 것인가. 그것이 문제다.
　　　　마음에 더 숭고한 태도는, 고통으로
　　　　난폭한 운명의 돌팔매와 화살을 견디는 것인가,
　　　　아니면 무기를 쳐들어 난관의 바다에 맞서는,
　　　　그리고, 거부하며 그것을 끝장내는 것인가. 죽는다, 잠든다―
　　　　그뿐, 그리고 잠든다는 말이 끝장,
　　　　상심과 천 가지 당연한 충격,
　　　　육신이 물려받은 충격의 끝장이라면―그건 완료지,
　　　　몸 바쳐 바라 마지않을. 죽는다, 잠든다.
　　　　잠든다, 어쩌면 꿈꾼다. 아하, 그게 골치로다,
　　　　그 죽음의 잠 속에 어떤 꿈이 올지
　　　　우리가 이 필멸의 육신을 벗어버린 다음에 말야,
　　　　망설일밖에.

《햄릿》3막 1장 중에서, p.89

호흡_ 말하기의 구성 요소

요즘 우리는 호흡을 모은다. 이것을 말하기의 테크닉이라고까지 부른다. 나중에 쓰려고 아껴두는 것처럼 호흡을 모았다가 조금씩 내보낸다. 일상에서 늘 이런 식으로 호흡한다. 그래서 들이쉬기는 하는데 내쉬는 것은 어렵다고 느낀다. 현대 인간은 말하자면 들이쉬는 사람들이다.

숨을 참는 데는 심리적인 요인도 있다. 많은 경우 우리는 아껴 간직하고, 챙기고, 뒤로 물러난다. 말하기 역시 억제되고, 풀어놓지 않으려는 깊은 본능에 눌려 있다. 배우는 겉으로는 감정을 억제하면서 감정을 표현한다. 관객은 배우가 감추는 감정이 무엇인지 추측한다. 극의 진행에 따라 억눌렸던 감정을 표출해야할 때도 발산하려는 요구에 대한 뿌리 깊은 저항감으로 인해 자기 목소리와 씨름을 하다가 하고 싶지 않은데 어쩔 수 없다는 듯 밀어낸다. 이는 배우에 대한 비난이 아니다. 이런 경향은 현대 문화 속에 깊숙이 스며들어 있기 때문이다. 호흡에 단어를 자유롭게 실어 내보내기 위해서는 이제껏 살아 온 생활 양식을 통째로 재편해야 한다. 생각과 감정, 행동이 자유롭게 풀려나고 마침내 단어가 될 때, 오늘날 우리가 그토록 바라 마지않는 소통이 비로소 가능해질 것이다.

대화

무대 위 대화에는 어떤 힘이 필요할까? 연습6(p.71)으로 돌아가 보자. 당신은 징검다리가 놓인 강의 한쪽에 있고, 맞은편에는 건너오기를 무서워하는 사람이 서 있다. 강물 소리가 너무 시끄럽기 때문에 제스처로만 상대를 설득해서 건너오게 해야 한다. 이 연습은 무대 저쪽에 있는 상대 배우와 눈빛으로 접촉하고 연결하는 힘과 함께 제스처가 우리 손끝을 넘어 무대 위 다른 배우뿐만 아니라 관객에게까지 가닿는 느낌을 키워준다.

짧은 대화를 이용해서 제스처를 말하기로 가져오는 연습을 해보자. 이 연습에서도 두 사람은 최대한 멀리 떨어져 선다.

A : 거기 너! 그래, 너! 가서 빗자루 좀 가져와!

B : 나한테 말하는 거야? 네가 가서 가져와!

A : 화내지 말고, 그냥 좀 갖다 줘.

B : 네가 직접 가져오라구. 나 바빠.

A : 내 말을 안 들어주면, 나는 널 쫓아낼 수밖에 없어.

B : 그렇게 해봐. 여기서 내가 얼마나 필요한 사람인데.

A : 그렇지 않을 걸.

B : 다른 사람들한테 물어봐.

A : 이미 물어봤어.

대화는 이런 식으로 계속 이어진다. 즉흥적으로 상황을 만드는 것은 상관없지만, 말하기 전에 언제나 창던지는 사람의 준비 동작을 수행한다. 준비 동작에는 숨을 들이쉬는 것뿐만 아니라, 숨을 내쉬면서 전달할 다음 생각을 집어 드는 느낌까지 포함한다. 셰익스피어의 《헨리 5세》에서 발췌한 대사를 예로 들어보자. 이미 대사와 인물을 어떻게 말할지 분석을 끝냈기 때문에 말하기 기법만 신경 쓰면 되는 상황이다. 대사는 5음보 약강격iambic pentameter[14]의 운율을 가지고 있어서 말하는 방식이 어느 정도 결정되어 있지만, 한 줄을 다 읽고 나면 다음 문장의 준비 과정으로 어떤 동작을 재빨리 수행해야할 것이다.

In peace there's nothing so becomes a man.
평화 시에는 사내에게 가장 잘 어울리는 것이

14　5음보 약강격_ 약/강의 음보가 5번 이어지는 것

이제 마음속으로 빠르게 동작을 수행해 문장의 마지막 단어가 다음 문장의 첫 단어로 넘어가게 한다.

As modest stillness and humility
겸손한 침묵과 자기낮춤이지만

셰익스피어의 희곡에서 헨리 왕은 자신은 물론 자기 말을 듣는 군사들의 주의 집중이 흐트러지는 것을 용납하지 않는다. 헨리 왕 역을 맡은 배우 역시 주의가 조금도 흐트러져서는 안 된다. 헨리 왕은 한 문장을 말할 때 그 문장 너머로 열정을 휘둘러 다음 문장을 낚아채야한다. 말하자면 이어달리기 같은 양식이다. 한 문장의 끝은 다음 문장에서 바통을 넘겨줄 뿐 달리기는 아직 끝나지 않았다. 대사를 물 흐르듯이 쭉 연결해도 안 되고 문장이 끝날 때마다 기계적으로 끊어서도 안 된다. 눈에 보이지 않는 동작을 마음속에서 재빠르고 민첩하게 수행하면서 다음 문장으로 넘어가야 한다. 이를 통해 관객들은 사실적인 대사 전달 차원을 넘어 대사 전체의 통일성을 사고와 행동에서 느낄 수 있다.

다른 식으로 표현하면 헨리 왕을 맡은 배우는 군사들의 주의 집중 상태를 유지하기 위해 침묵 속에서 내적 행위를 계속 이어가야한다. 침묵은 '죽은' 순간이 아니라 효과적인 말하기의 일부가 되어야 한다.

아르플레르 앞
전투경보, 해리 왕과, 성벽 오르는 사다리를 든 잉글랜드군 등장

해리 왕 : 다시 한 번 성곽 틈새로, 소중한 친구들, 다시 한번,
　　　　아니면 성벽을 메우라, 죽은 잉글랜드 병사들로.
　　　　평화 시에는 사내에게 가장 잘 어울리는 것이
　　　　겸손한 침묵과 자기낮춤이지만,
　　　　전쟁의 폭발음이 우리 귀를 울릴 때,
　　　　그때는 행동이 호랑이 같아야 하나니.
　　　　심줄을 뻣뻣이 하라, 피를 불러내라,
　　　　씌워라 착한 마음씨에 험악한 분노를.
　　　　그리고 눈을 끔찍하게 부릅뜨고,
　　　　뚫어져라 쳐다보게 하라 머리의 둥근 창 통해
　　　　놋쇠 대포처럼, 이마가 그 위로 돌출케 하라
　　　　세파에 시달린 바위가 사납고 파괴적인
　　　　대양에 씻겨 파멸된
　　　　자신의 토대 위로 불쑥 튀어나오듯 무시무시하게.
　　　　이제 이를 악물고 콧구멍을 활짝 펴라,
　　　　숨을 단단히 죽이고 전신의 기력을 끌어 올리라
　　　　한껏, 전진, 앞으로, 너희 너무도 고결한 잉글랜드인,
　　　　너희 피는 전쟁으로 증명된 아버지들한테서 온 것,
　　　　그 아버지들은 그토록 숱한 알렉산더들처럼

이 지역에서 아침부터 저녁까지 싸웠나니,
적을 다 해치우고 나서야 칼을 칼집에 넣었음이다.
욕되게 마라 너희 어머니들을, 지금 보여 다오
너희가 아버지라 부르던 그들이 진짜 너희 아버지임을.
보이라 지금, 모범을, 덜 고결한 혈통들에게,
그리고 가르치라 그들에게 싸우는 법을. 그리고 너희, 훌
륭한 자유농민들,
너희의 팔다리가 잉글랜드 산이니, 보여 다오 이 자리에서
목초지의 품질을, 단언케 해 다오
너희가 양육에 답한다고─나는 그 점 의심치 않나니,
너희 중 어느 누구도 아주 치사하고 비천하여
눈동자에 고결한 광채 없는 자 없음이라.
내 눈에 너희는 서 있노라 줄에 매인 그레이하운드처럼,
뛰쳐나가려 힘을 쓰면서. 사냥이 시작되었다.
의기충천, 발포와 함께 돌격하라,
'해리 만세! 잉글랜드와 성 조지 만세' 외치며.

<u>전투 경보와 발포. 모두 퇴장</u>

《헨리 5세》 3막 1장, p.62~63

    지금까지 설명을 종합해 4명의 인물이 등장하는 장면 하
나를 만들어보자. 네 사람은 되도록 멀리 떨어져 무대 여기저
기에 앉거나 선다. 한 사람이 나머지 세 사람 중 한명을 향해

준비 과정을 거친 뒤 대사를 던진다. 대사가 무대 공간을 가로질러 한 걸음 한 걸음 상대방에게 다가간다고 느껴보라. 내용뿐만 아니라 발화된 말도 함께 무대를 걸어간다. 이 연습에는 대사에 따라 걷는 연습과 창던지기의 준비 동작, 던지기 동작이 모두 들어있다. 마지막으로 눈에 보이지 않는 준비 동작을 통해 전달하기 좋은 위치에 다음 대사를 가지고 온다. 물론 등장인물의 입에서 나오는 대사에 집중해야하지만, 자연스러운 장면 배후에서 눈에 보이지 않는 움직임이 엄청나게 진행되고 있음을 느껴야 한다. 예전에 루돌프 라반과 함께 작업한 적이 있었다. 당시 그의 '움직임 예술' 기법과 이론은 이미 세계 무용계에서 큰 비중을 차지하고 있었다. 라반은 대화하는 사람들 사이에서 벌어지는 일종의 밀고 당기는 접촉 관계가 눈에 보인다고 말하곤 했다. 여러 사람이 함께 이야기를 나누는 곳에는 생각을 교류하는 과정에서 일종의 그물망이 짜이는 것을 볼 수 있다고 했다. 그런 의미에서 다음의 짧은 연습의 제목을 '그물'이라고 붙였다.

❖ 그물

A : 집에 좀 더 있지 그러니. 넌 언제나 갈 생각만 하는구나.

B : 내가 왜 그래야 하죠?

C : 네 엄마 말이 맞아.

D : 아빠 가만히 계세요. 그냥 좀 내버려두세요.

C : 나를 무시하지 마라.

B : 이런 쓰레기 같은 말을 들으려고 집에 있어야 되는 건가요?

A : 도린, 조용히 못해!

B : 맞잖아요. 엄마는 아버지랑 싸울 때만 내가 여기 있었으면 하잖아요.

C : 애야, 우리 관계에 끼어들지 마라.

D : 왜요, 아버지는 우리 생활에 간섭하지 않나보죠?

C : 우리가 너희들을 간섭한다고? 그렇지 않아. 엄마가 부탁하는 건 너희들이 잠시나마 집에서 시간을 보냈으면 하는 거야. 가족이 함께 있는 시간 말이다.

D : 가족이 함께 라고요? 아버지는 늘 자식들이 어떻게 가정의 화목을 깨뜨리는지만 말해왔어요. 애들을 키우려고 가족이 얼마나 희생을 했는지 만요.

C : 그건 사실이다.

A : 너희가 집에 있는 게 그에 대해 보상을 해주는 거야. 가족이 하나가 되는 것 말이다.

D : 도대체 가족이니, 하나가 되는 거니, 이게 다 무슨 소용이죠?

B : 맞아. 이게 대체 뭐냐고요? 두 분은 뭐가 그렇게 두려우세요?

D : 이제는 우리가 좀 내버려졌으면 싶지 않나 봐요?

C ; 그게 무슨 말이냐?

B : 무슨 말이긴요. 말 그대로 물어보는 거잖아요.

C : 네 엄마와 나는 두려운 거 없다.

D : 매일 똑같이 여기에 앉아서 서로 쳐다보고 있어야 한다는 거.

A : 불필요하고 잔인한 말이야.

B : 로버트, 엄마 아버지가 저렇게 꼭 달라붙어 있는 거 너무 감동적이지 않니?

A : 도린, 아버지도 우리처럼 자기 방식을 고집하지 않으시는 거 잘 알잖니. 우리는 함께 살아가는 법을 배우는 거야. 그래서 너희가 집에 좀 더 있기를 바라는 거구. 우리도 너희를 잘 모르지 않니.

B : 네, 그건 사실이죠.

D : 알고 싶어 하지도 않으시고요.

C : 맞다. 알 필요가 없지. 너희는 쓸모없어. 너희들 스스로한테도, 우리한테도.

A : 여보, 그렇게 말하지 말아요.

C : 당신은 누구 편이오? 그게 우리의 생각이잖소.

A : 아니에요. 그렇지 않아요.

D : 어떻게 생각하는지 결정을 내리시죠.

B : 집에 있는 것도 나름 의미가 있네요. 두 분이 우리를 어떻게 생각하는지 들을 수 있으니.

C : 조용히 해. 에디스. 우리는 걱정하고 있는 거야.

D : 아, 이제 걱정이 되세요? 우리를 걱정하시는군요.

A : 그래 맞다. 걱정스러워. 너희는 기댈 곳도 없고, 집도 없고, 어디 하나… 쉴 곳도 없잖니.

C : 너희 스스로 삶을 계획할 곳도.

A : 의미 없는 것에 시간을 쏟아 붓지 말고.

D : 두 분은 뭐 하는 데 시간을 쏟으시는데요?

C : 너희를 걱정하는 데.

B : 우린 아주 멀쩡해요. 우리도 우리 삶이 있고, 친구들이 있어요. 우리가 현재 뭘 가지고 있든, 그게 충분하지 않다는 건 인정해요. 하지만 우리가 만들어나가야 하는 것들이에요. 우리 스스로요.

D : 있잖아요, 아버지. 우리도 가끔 두 분이 걱정스러워요. 정말로요.

B : 그럼, 우리 네 명은 전부 서로를 걱정하고 있네요.

A : 어떤 점에서는 위안이 되는 구나. 가족끼리는 거리나 시간이 문제가 되지 않아. 우리가 어디에 있든지 어떤 식으로든 마음을 나눌 수 있어.

C : 그런데 사실은 나눌 게 없다는 거지. 우리는 그걸 잃어버렸다. 그게 진실이야.

D : 우리 역시 두 분을 잃었어요, 엄마. 두 분이 우리를 잃었다고 느끼기 훨씬 전부터요.

B : 저희 이제 가 봐도 될까요?

A : 그래. 그러렴.

B : 아버지는요?

C : 그래. 하지만 우리가 너희를 생각하지 않는다고 생각하지는 마라. 너희는 언제나 우리 마음속에 있다.

D : 우리는 거기서도 나가야 해요, 아버지. 두 분 마음속에서도요.

A : 그래, 가능할지 모르겠지만 그것도 노력해보마. 우린 너희를 사랑하니까.

B : 증오는 서로를 붙잡고, 사랑은 자유를 준대요.

C : 그래, 그래, 알겠다. 이제 가보렴.

D와B : 안녕히 주무세요.

A와C : 잘 가라.

유령처럼 말하기

말하기는 후반부에 다시 다룰 것이다. 햄릿과 아버지의 혼령이 등장하는 장면으로 이 장을 마무리 해보자. 아버지 혼령은 오직 말하기로만 햄릿에게 영향력을 행사할 수 있다. 햄릿의 옷깃을 잡거나 물리적인 힘을 가할 수 없지만, 말로써 햄릿을 에워싸고 발길을 붙잡아 자기 말에 귀 기울이게 만든다. 혼령을 연기하는 배우가 지금 햄릿을 조종할 수 있는 유일한 방법이 자신의 호흡과 말하기 양식임을 분명히 의식한다면, 대사의 힘이 극장 안에서 얼마나 강력한 위치를 차지하는지 실감할 수 있을 것이다. 모든 연기 이면에서 배우는 관객에게 혼령처럼 말한다. 그리고 배우가 관객의 주의를 정말로 장악할 수 있는 유일한 길은 객석에 울려 퍼지는 역동적인 움직임, 그리스 5종 경기 같은 움직임을 가진 말하기다.

햄릿 : 어디로 가시는가? 말하라. 난 더 이상 가지 않겠다.

유령 : 내말 잘 들어라.

햄릿 : 그럴 것이오.

유령 : 시간이 거의 되었다.
       내가 고통스런 유황불 화염 속에
       내 육신을 내맡겨야 할 시간이

햄릿 : 아아, 불쌍한 유령이시여!

유령 : 나를 동정하느니, 진지하게 귀를 기울여
       내가 하는 말을 들어 다오.

햄릿 : 말씀하시오. 반드시 들을 것이니.

유령 : 반드시 복수할 것이다, 네가 듣게 되면.

햄릿 : 뭐라?

유령 : 나는 네 아버지의 혼령으로,
　　　 일정기간 동안 밤에는 걷고
　　　 낮에는 불 속에 갇혀 참회를 해야 하는 운명이지,
　　　 내 살아생전 저지른 더러운 범죄가
　　　 불에 타 정화될 때까지는 말이다. 내가 갇힌
　　　 감옥의 비밀을 말하는 게 금지되어 그렇지
　　　 내가 그 얘기를 하면 가장 가벼운 단어도
　　　 네 영혼을 써레질하고, 네 젊은 피를 얼어붙게 하고,
　　　 네 두 눈동자를 별처럼 천구에서 튀어나오게 만들 수 있으리,
　　　 땋고 빗은 네 머리채를 풀어헤쳐,
　　　 머리카락 한 올 한 올이 곤두서게 하리라,
　　　 성마른 가시돼지의 털처럼.
　　　 그러나 이 저승의 목록은
　　　 살과 피의 귀에 전할 수 없는 것.
　　　 들으라, 햄릿, 들으라, 오 귀담아 들으라!
　　　 네가 정말 소중한 아버지를 사랑한 적이 있다면.-

햄릿 : 오 하나님!

유령 : 복수해다오, 그의 더러운, 가장 괴이한 살인을.

햄릿 : 살인?

유령 : 가장 더러운 살인, 살인이란 기껏해야 더러운 짓이지만,
　　　 이 살인은 가장 더럽고, 기이하고, 또 극악무도하다.

햄릿 : 어서, 어서 제게 알려 주소서, 명상처럼 혹은
　　　　사랑의 생각처럼 빠른 날개로
　　　　나의 복수를 향해 엄습하리니.

유령 : 네가 적절토다,
　　　　하긴 망각의 레테 강 나루에서 편히 제 육신을 썩히는
　　　　무성한 잡초보다 더 둔하다 하겠지,
　　　　네가 이래도 가만히 있다면. 자, 햄릿, 들으라.
　　　　발표는 그랬지, 과수원에서 잠을 자던
　　　　나를 독이빨 뱀이 물었다고. 그렇게 덴마크의 온갖 귀가 통째
　　　　거짓 날조된 내 죽음의 설명으로
　　　　고약하게 기만당했다. 그러나 알라, 숭고한 청년아,
　　　　그대 아비 목숨에 독이빨을 들이댄 그 뱀이
　　　　현재 그의 왕관을 쓰고 있다.

햄릿 : 오 내 그럴 줄 알았다니! 나의 삼촌이?

유령 : 그렇다, 근친상간의, 그 간음의 짐승이,
　　　　재치의 마법으로, 반역의 선물로―
　　　　오 사악한 재치와 선물이로다, 그 힘이
　　　　그렇게 유혹적이라니!― 치욕적인 육욕 편으로 끌어들였다,
　　　　가장 정숙해 보였던 내 왕비의 의지를.
　　　　오 햄릿, 이런 타락이 있었다니!―
　　　　나를 떠나다니, 내 사랑의 위엄은
　　　　결혼식 때 그녀에게 했던
　　　　맹세와 여전히 동반할 정도였건만, 타락하여

자연의 은총이 나보다 빈약한

비열한 자에게 기울다니.

그러나 정절은, 설령 음탕이 하늘의 모습으로

구애하더라도 결코 끄떡 않는 것이듯,

그렇게 음욕은, 설령 눈부신 천사와 맺어졌더라도,

천상의 침대에 싫증을 내고

쓰레기를 뒤지는 법.

하지만 이런, 아침 공기 내음이 코끝에 닿도다.

짧게 요약하마. 내 과수원에서 자고 있는데,

오후마다 그러는 게 내 습관이었지,

내 안전한 시간을 네 삼촌이 몰래 틈탔느라.

저주받은 사리풀 독액 병을 들고,

내 귀 입구에다 부었느라,

그 문둥병 액체를. 그리고 이 독의 효과는

사람의 피에 아주 적대적이라

수은처럼 빠르게 독물이 번진다,

육신의 자연적인 문과 길로.

그리고 급작스레 효력을 내며 응고

또 응고 시킨다, 우유에 탄 초산처럼,

가늘고 건강한 혈관을. 그렇게 했느라, 독물이 내 혈관을,

그리고 그 순간 도장 발진이 몸을 나무껍질처럼 덮었느라,

거의 문둥이처럼, 사악하고 역겨운 껍질로

매끈했던 내 온몸을.

이렇게 나는, 잠을 자다가, 동생의 손에,

목숨을, 왕관을, 왕비를 동시에 박탈당했니라,
내 죄의 꽃이 만개한 와중에 목숨이 잘렸니라,
성찬 성례도 없이, 임종 고해성사와 죄사함과 종부성사도
없이,
아무 죄 값음도 없이, 그냥 나를 보냈니라, 최후의 심판날로
나의 온갖 과오를 그대로 지니게 한 채.
오 소름 끼쳐, 오 소름 끼치누나, 정말 소름끼쳐!
네게 자연의 감정이 있다면, 그걸 그냥 두면 안 되지.
덴마크 왕의 침대가
음탕과 저주받은 근친상간의 잠자리로 될 수는 없는 법.
그러나 비록 네가 복수를 추구하더라도,
네 심성을 부패시키지 말 것, 네 영혼이
네 어머니께 어떤 벌도 획책하지 말 것. 그녀는 하늘에 맡
길 것,
그리고 그녀 가슴에 박힌 그 가시들이
그녀를 쑤시고 찌르게 둘 것. 자 이제 작별이다.
반딧불을 보니 아침이 가까이 왔다,
힘없는 불이 창백해지는 것을 보면.
안녕, 안녕, 햄릿. 나를 기억해 다오.

《햄릿》 1막 5장 중에서, p.42~46

5 바람 터널

어떤 방에 강풍이 불고 있다고 상상해보자. 이 방은 일종의 바람 터널이다. 터널에 발을 들여놓는 순간 허공으로 떠올라 빙빙 돌며 반대쪽까지 날아가게 된다. 비록 연기지만 허공에 떠오르는 느낌과 방을 가로지르는 느낌을 아주 사실적으로 전달해야 한다. 아래에 나열한 제스처를 통해 부력의 느낌을 연습해보자. 항상 공기의 흐름을 타고 있다고 느껴야 한다. 이런 감각을 '압도되는' 제스처라고 부른다.

압도되는 제스처

응시하는	경청하는	두려운
기쁜	찾는	알라딘의 동굴에서
열광	어안이 벙벙한	성공한

조금씩 상황에 익숙해지면서 걷잡을 수 없는 힘에 조금씩 저항할 수 있고 더 강한 제스처를 만들 수 있게 된다. 바람의 힘에 저항하고, 밀어내기 시작하는 것이다. 처음에는 바람에 밀려 무대 중앙으로 날아가지만 이제는 몸을 돌려 바람과 맞붙어 밀어내기 시작한다. 넘어지고 여러 번 바람의 힘에 끌려 다닐 수도 있지만 다시 저항하고 밀어낸다. 이 간단한 연습을 통해 우리는 '압도되는' 느낌과 확고하게 '맞서는' 느낌이 어떤 것인지 알게 된다. 바람에 밀리거나 밀어내는 제스처를 다른 분위기의 제스처로 변형시킬 수도 있다.

맞서는 제스처

위풍당당한	명령하는	탐색하는
도전하는	감독하는	혁명적인
반항아	성공한	

처음에는 상상이나 경험에 근거해서 이 동작을 해본다. 그런 다음 연습을 한 번 더 반복하는데, 전에 했던 그대로 모방하는 것이 중요하다. 외부에서 자기 아닌 다른 사람이 연기하는 것을 관찰하고 있다고 생각하며 제스처를 한다. 이를 통해 연기를 '경험'할 수 있다. 의식하면서 행동을 하면 연기에 힘과 감각이 한층 강화되기 때문이다. 경험에 따르면 처음 행동

을 그대로 '모방'하는 두 번째 연기에는 언제나 처음에는 볼 수 없던 신선하고 창조적인 느낌이 더해지곤 한다. 물론 이는 관객이 판단할 몫이긴 하다.

마지막으로 여러 명의 배우가 가족 구성원 역할을 나누어 맡은 뒤 강풍과 모래 폭풍에 함께 맞서 싸우는 상황을 연기해 본다. 어떤 인물은 바람에 맞서 다른 사람 손을 잡아끌며 앞으로 나가려 애쓴다. 힘이 부족한 사람은 바람에 밀려나면서 다른 사람까지 같이 밀려나게 만든다. 이 장면에 스토리를 넣으면 여러 편의 무대 연극으로 발전시킬 수 있다.

다음 장면은 문학성이나 연극적인 면에서 뛰어나지는 않지만 지금까지 살펴본 '맞서기'와 '압도하기'가 잘 드러나도록 쓴 것이다. 이 두 요소를 중심으로 연기하면서, '세찬 바람'에 해당하는 외부 영향의 간섭을 말하기 속에 집어넣도록 노력해보라. 한 사람은 외부 힘에 완전히 압도되었고, 다른 사람은 맞서는 사람이다.

{연습8} '세찬 바람' 장면

A : (전화기에 대고 말한다) 안 돼! 안 돼! 이 번호로 절대 전화하지 말라고 내가 몇 번이나 말했잖아. 절대로 전화하지 마. 만약

에 네가….

(급하게 수화기를 내려놓는다. 불안하고 죄책감을 갖고 있는 듯 보인다)

(B가 들어온다)

B : 무슨 일이야?

A : 아, 그 사람들이 방금 전화했어. 모든 일이 끝났대. 누가 우리 계약을 취소했다는 거야. 거 참, 이상하네.

B : 이상할 것 없어. 내가 취소했거든.

A : 네가?

B : 응.

A : 아니, 왜?

B : 너를 못 믿으니까.

A : 그게 무슨 말이야?

B : 넌 나한테 뭔가 숨기고 있는 것 같아. 아마 나를 골치 아픈 돈 문제에 연루시켜놓고, 내가 계약을 성사시키기 위해 돈을 빌리려고 하면, 그자들에게 저놈은 신용이 아주 불량한 놈이라고 말하겠지. 그러면 그자들이 나를 협박해서 전혀 다른 계약서에 사인하게 만들려고 하는 게 아닌가 의심스러워.

A : 내가 왜 그런 짓을 할 거라고 생각해? 이해가 안 돼. 너 미쳤어? 왜 그런 말도 안 되는 이야기를 지어내? 난 그렇게 속일 이유도, 목적도 없어. 우리 일을 망가뜨려서 내가 얻을 건 아무것도 없

다고. 너 왜 이래?

B : 계약서 줘.

A : 나한테 없어.

B : 어디 있어?

A : 그게 왜 필요해?

B : 네가 나 몰래 바꿨는지 보게.

A : 내가 왜 그러겠어?

B : 말은 됐고, 계약서나 줘봐.

A : 어디 있는지 몰라.

B : 내놔!

A : 너 지금 장난하는 거지? 아님 뭔가 제정신이 아닌 거지?

B : 계약서 내놓으라고!

A : 분명히 말하는데, 그건 은행에 있어. 여기 없어. 은행에 맡겨놨
다고. 나한테 왜 이래?

B : 계약서를 안 주면, 네가 네 이익을 위해 그것을 바꿨다고 생각
할 수밖에 없어.

A : 나한테 없다니까. 우리가 마지막으로 상의한 뒤에 본 적이 없어.
네가 그걸 꼭 은행에 넣어야 한다고 말했잖아. 그건 네 생각이
었어. 아, 그래, 이제 기억난다, 네가 분명히 말했지, '은행에 집
어넣자', 그래서 그렇게 했어. 자, 그게 언제였지? 지난주 목요일,
아냐, 화요일. 그래, 기억난다.

B : 입 닥쳐!

(B가 나간다)

A : (숨이 헐떡이면서 전화기를 들고 번호를 누른다) 그가 의심하고 있어. 다 알아버렸어! 전부 다!

(전화를 끊는다)

다음은 셰익스피어의 《오셀로》에서 발췌한 장면이다. 위에서 설명한 '세찬 바람'의 특성이 잘 담겨 있다고 생각해서 선택했다. 독자들에게도 그 요소가 잘 드러나기를 바란다. 인물 해석은 어떤 방향이든 원하는 대로 하면 되지만, 이 연습에서는 데스데모나가 오셀로의 행동에 '압도'되었고, 오셀로는 데스데모나에 대한 판단을 강하게 '밀어붙이고' 있음을 전제로 하자. 목소리와 제스처에 보이지 않는 '바람에 맞서는 또는 밀리는' 느낌이 잘 드러나도록 표현해보자.

{연습9}

오셀로　　　 : 좋소, 부인(방백) 오 척하기가 힘들구나—
　　　　　　　괜찮소, 데스데모나?

데스데모나 : 좋아요, 여보.

오셀로   : 당신 손을 주시오, 손이 촉촉하군요, 부인.

데스데모나 : 나이를 못 느꼈으니까요, 슬픔도 몰랐고.

오셀로   : 열매를 잘 맺고 마음이 헤프다는 뜻이지.
            뜨거워, 뜨겁고 또 촉촉해– 당신 손은 필요하겠군,
            방종으로부터의 분리가, 금욕 그리고 기도가,
            숱한 꾸짖음과 삼가는 행동거지가,
            왜냐면 이 젊고 땀을 내는 악마는
            반란을 일으키는 게 보통이거든. 좋은 손이오,
            열린 손이고.

데스데모나 : 그 말씀이 정말 그럴듯하군요,
            바로 이 손이 제 마음을 주어 버렸으니까요.

오셀로   : 헤픈 손이지. 옛날에는 마음이 손을 주었소,
            하지만 요즈음은 손을 합쳤다고 해서 마음까지는 아
            니지.

데스데모나 : 모를 말씀이시네요. 자 이제, 여보 약속이요.

오셀로   : 무슨 약속 말이오, 귀여운 사람?

데스데모나 : 사람을 보내 캐시오를 오라 했어요, 당신과 얘길 하
            라고.

오셀로   : 왜 이렇게 눈물이 찔끔거리나 모르겠네.
            당신 손수건 좀 빌려 주시오.

데스데모나 : (손수건을 내밀며) 여기요, 여보.

오셀로   : 내가 주었던 손수건.

데스데모나 : 지금은 없는데요.

오셀로　　　: 없어?

데스데모나 : 네, 정말, 여보.

오셀로　　　: 그거 문제로군. 그 손수건은
　　　　　　　이집트 여인이 내 어머니한테 주었던 것.
　　　　　　　그녀는 마법사였소, 그리고 거의 읽을 수 있었지,
　　　　　　　사람의 생각들을. 그녀가 어머니한테 그랬어, 손수건
　　　　　　　을 지니고 있으면
　　　　　　　매력을 발산케 될 것이고, 내 아버지가
　　　　　　　어머니한테 홀딱 빠지게 될 거라고. 하지만 만일 그
　　　　　　　것을 잃어버리거나,
　　　　　　　선물로 주게 되면, 아버지 눈에
　　　　　　　어머니가 혐오스러워지고, 아버지는 새 귀염둥이를
　　　　　　　좇게 될 거라구 말야. 어머니는, 임종하면서, 그걸 내
　　　　　　　게 주셨지,
　　　　　　　그리고 이르셨어, 운명으로 아내를 갖게 된다면,
　　　　　　　그녀에게 주라구. 그렇게 했잖나, 그러니 조심하라구.
　　　　　　　끔찍하게 아껴야 해, 당신의 소중한 눈처럼.
　　　　　　　그걸 잃어버리거나 남한테 주어 버리는 건 파탄이야,
　　　　　　　다른 어떤 것도 필적할 수 없는.

데스데모나 : 설마요?

오셀로　　　: 사실이라니까. 편물에 마법이 담겨있지.
　　　　　　　세상에서 햇수를 200년이나 넘긴 시빌이

예언력 충만한 상태에서 그 물건을 바느질했지.
비단실을 뽑아낸 누에들도 성스러움을 입었소,
그리고 염색은 미라 액으로 했소, 솜씨 있는 자들이
처녀 심장에서 뽑아낸 것이지.

데스데모나 : 정말, 사실이에요?

오셀로   : 틀림없는 사실이야. 그러니까 잘 간직해요.

데스데모나 : 그렇다면 아예 안보는 게 차라리 나았을 것을!

오셀로   : 하, 왜?

데스데모나 : 왜 그렇게 윽박지르듯 말씀을 하시는 거죠?

오셀로   : 잃어버렸나? 사라졌어? 말해, 없어져 버렸어?

데스데모나 : 하나님 우리를 굽어 살피소서!

오셀로   : 그렇다?

데스데모나 : 잃어버리지는 않았어요, 하지만 잃어버렸다면요?

오셀로   : 어쩌다가?

데스데모나 : 잃어버리지는 않았다고 그랬잖아요.

오셀로   : 가져와, 어디 보자구.

데스데모나 : 그래요, 그러지요, 여보, 하지만 지금은 안 할래요.
             제 청을 안 들어 주려고 이러시는 거 다 알아요.
             제발 캐시오를 다시 받아들여 줘요.

오셀로   : 손수건을 내게 가져와. 의심이 가는군.

데스데모나 : 자, 이러지 마시고, 더 유능한 사람은 다시 없을 거예요.

오셀로	: 손수건.
데스데모나	: 제발, 캐시오 얘기를 해주세요.
오셀로	: 손수건.
데스데모나	: 지금까지 내도록
	당신 사랑에 행운을 의지했던 사람이죠,
	당신과 위험을 함께했고―.
오셀로	: 손수건.
데스데모나	: 정말, 이러시면 안 되죠.
오셀로	: 이런 제기랄! (퇴장)

《오셀로》 3막 4장 중에서, p.108~111

사람을 향해 다가오는 감정

나에게 등산을 정말 좋아하는 친구가 한 명 있다. 그 친구는 산을 오르다가 예기치 못한 일을 겪은 적이 있다 했다. 아주 위험한 구간을 등반하고 있을 때였다. 깎아지른 절벽을 따라 천천히 한발 한발 나가던 중에, 갑자기 저 멀리에서 공포가 성큼성큼 다가오는 것을 느꼈다고 했다. 어느 순간 갑자기 공간 저편에 존재하는 공포의 존재를 지각했다는 것이다. 지각하자마자 그것은 움직이기 시작했다. 시시각각으로 점점 가까워지는 것을 느낄 수 있었다. 절벽을 안전하게 지나는데 온 신경을 집중하는 동시에 의식의 다른 한쪽은 그 공포를 밀어내는데 전념했다. 그것이 도착하는 순간 자기는 절벽 위에서 '얼어붙고' 그 때문에 친구들마저 위험에 빠질 것을 직감했기 때문이다. 위험한 구간을 통과할 때까지는 어떻게든 공포가 접근하지 못하도록 젖 먹던 힘까지 쥐어짜야 했다고 한다. 감정이나 느낌이 자신을 향해 다가오는 경험(그 감정에 압도되든 물리치든 간에)은 배우에게 아주 중요하다.

감정이 인간에게 다가오는 상태가 어떤 것인지 실험해보자. 어떻게 대항할지는 각자가 선택할 몫이다. 한 사람은 아래 대사들을 읽어주고, 다른 한 사람은 그에 따라 춤을 추거나 제스처를 취한다. 읽어주는 사람이 배우의 귀에 속삭이듯 말하고, 배우는 그것이 혼잣말인 것처럼 반응할 수도 있다.

연습1 '물속 마임'(p.36)을 떠올리면서 이 연습을 해보자.

{연습10} 물속 장면

걱정_ *회색 물, 차갑지만 빠르다*
아, 걱정이 나를 괴롭힌다. 과거에 대한 후회, 현재에 느끼는 두려움, 그리고 공포, 미래에 대한 끔찍한 공포. 내게 다가오는 모든 것에 나는 두려움을 느낀다. 보이지는 않지만 압박을 느낀다. 그것은 점점 가까이 오고 있다. 무게가 느껴진다. 내가 귀를 기울이면 그것은 내 귀에 끔찍한 것들을 속삭이고, 그로 인해 날 망가뜨릴 것이다. 아, 견딜 수 없는 것과 함께 살아야만 하는 실패에 대한 굴욕—지금 나는 재앙이 나를 향해 돌진하고 있다는 것을 안다. 그 목소리가 나에게 경고한다. 뇌리에서 떠나지 않는다. 공포의 절정으로 내 영혼을 몰아간다.

희망_ 수면 위의 태양_

아니야, 하지만 내 영혼의 어두운 밤이 나에게 거짓말 하고 있는 거라고 누군가 나에게 이야기 하고 있다. 그건 사실이 아니야! 어둠은 없으며, 단지 내가 만들어낸 것뿐이다. 미래는 눈부시게 아름다울 거라고 믿지 못할 이유가 무엇인가? 인생이라는 모험이 우리 앞에 무엇을 가져와도, 미래는 그것이 존재한다는 것만으로도 아름다울 수밖에 없다. 그러므로 태양을 마주 보고 무엇이 오든 간에 두 팔 벌려 환영하자.

분노_ 무겁게 부풀어 오른다_

왜 우리는 스스로를 부추겨서 환상에 대해 환상으로 맞서 싸우며, 공포에 대해 시적인 상상으로 저항해야만 하는가? 의심과 두려움에 맞서 처절하게 투쟁하는 것, 그것이 신에게서 받은 인간의 운명인가? 분노만이 인간이 가진 유일한 것인가? 고통이 인간에게 어울리는 것이며, 환상을 통해 도망치는 것이 인간의 진정한 운명인가, 보이지는 않지만 느껴지는 공포에 대해 분노하고 저주를 퍼부어야만 하는 것이? 우리는 끊임없이 깨어나야만 하는 꿈을 인식하면서 두려움에 몸부림친다. 우리는 그저 자족하는 신음덩어리로, 자신의 꼬리를 물려고 하는 개처럼 우리의 인생을 보내야 하는가?

유머_ 반짝이는 바다

풍부함과 미사여구로 가득 찬 짧지만 강렬한 이야기, 당신이 필요한 것은 코를 간지럽혀줄 작은 깃털 하나이다. 지루한 말을 내뱉는 저 입! 못마땅하다. 농담과 웃음으로 삶을 채우는 것은 너무나 중요하고 본질적이다. 재미있는 사람을 창조하는 것이 신의 계획이다. 변덕스럽고, 웃긴, 단순하고 밝은, 흥청망청하고 다채로운, 재미있는 사람. 그것은 신의 계획이다.

외로움_ 회색빛의 고요한 물. 차갑다

외로움의 전당에 유령같이 삐쩍 마른, 부서질 것 같은 영혼, 성긴 인간의 창백한 울음이 메아리치고 있다. 사랑받지 못하는 것은 얼마나 가련한가. 사랑받지 못할 작은 존재. 신의 하품거리. 친구가 없고, 동료가 없는 것이 나의 잘못인가? 아니다! 이 세상에는 절망하기 위해 태어난 사람들이 있다. 바보 같은 세상은 빠르게 흘러간다. 연약하고 가장 순수한 것들이 인식되지 않고, 사랑받지 못하고 방황하도록 남겨둔 채로. 우리 외로운 이들은 다른 이들의 어리석음 때문에 희생자가 되었다. 우리는 사회의 순교자. 우리는 무거운 책임을 지고 간다. 우리는 보이지 않는 심연. 이 얕은 세계에 대한 자연의 깊은 보상이다.

조롱_ *사나운 바다*

선정적인 폭동의 무분별한 용기는 우리의 삶을 휘저어 철학자들의 고뇌를 비웃는다. 표면을 휘젓고 때리고, 깊은 곳까지 어지럽혀라. 고요하고 텅 빈 자연의 전면에 우리 에너지의 정수를 쏟아버려라. 우리는 우리가 무엇인지 안다. 우리는 자유로운 인간이다. 아무도 우리에게 그 어떤 것도 말할 수 없다. 왜냐하면 우리는 경험, 내적인 경험으로부터 배우고, 그것을 통해 판단하기 때문이다. 그렇기 때문에 우리는 세계를, 모든 것을, 모든 곳을 경험해야만 한다. 혼란스러운 것이 인생이다. 고요는 죽음이다. 우리는 소용돌이치면서 삼켜대고,

휘둘리고 뒹굴며 살아가고 또 살아간다. 우리는 존재하고 그것으로 충분하다.

평화 _ 잔잔한 바다

평온한 얼굴, 과거가 있는 모든 것에 대해 생각하고, 미래의 도전에는 미소 짓는다. 평화는 얼마나 달콤한가. 원기 왕성한 폭동의 얼굴에서도 발견되는 평화, 호랑이를 향해 미소지을 수 있는 평화, 그리고 그 호랑이 역시 언젠가 자신 안에 강렬한 평화를 찾게 될 것이라고 믿으며, 그것이 가진 힘과 에너지에 감사하게 될 평화. 평온은 소극적이지만 평화는 적극적이다. 평화는 다급한 꿈속에서 길을 잃지 않고, 기민하고 명확한 목적을 가지고 나아간다.

다음은 같은 연습이지만 아주 탁월한 글이다.

{연습11}

햄릿 : 오, 정말 양아치에 농노 같은 나로다!
　　　끔찍하지 않은가, 방금 여기 있던 배우는,
　　　단지 허구만으로, 열정의 꿈만으로,

자신의 영혼을 강제하여 온 몸으로 상상을 구현,
영혼의 작용으로 안면이 온통 창백해지고,
눈동자에 눈물이 고이고, 정신착란을 연출하고,
목소리가 깨지고, 그리고 기능 전체가,
그의 상상에 걸맞은 형태를 띠지 않는가? 쓸데도 없는데 그
모든 것을.
헤큐바를 위하여!
도대체 헤큐바가 그에게 무엇, 혹은 그가 헤큐바한테 무엇
이길래
그가 그녀를 위해 울어야 한단 말인가? 그를 어찌할 것인가,
만일 그가 나와 같은
열정의 동기와 액션 큐를 지녔다면? 그는 무대를 눈물로 익
사시키겠지,
그리고 일반 관객의 귀를 찢을 것이다, 엄청난 대사로
죄지은 자 미치게 하고 죄 없는 자 간담을 서늘케 하리,
모르는 자 어리둥절케 하리, 그리고 정말 당혹케 하리,
눈과 귀의 능력의 기능 자체를. 하지만 나는,
아둔하고 흐리멍덩한 불량배로다, 맥없이 돌아다닌다,
잠 많은 게으름뱅이처럼, 명분을 행동으로 잉태치 않고,
그리고 아무 말도 못하는도다, 아무 말, 아무 말도, 왕을 위하여,

《햄릿》 2막 2장 중에서, p.82~83

'감정이 다가오는 상태'를 일상 언어에서도 흔히 찾아볼

수 있다. '생각이 불쑥 떠오르다', '의심이 스멀스멀 올라오다', '동정심에 사로잡히다', '우울이 짓누르다', '증오에 휘둘리다', '분노가 차오르다', '두려움이 엄습하다', '호기심에 끌리다', '절망에 빠지다', 질투의 감정을 맞아들이거나 부러움을 내쫓거나, 마음이 무거워지거나 마음이 가벼워지거나, 회한에 사로잡히거나 의심에 괴로워하거나 공포에 얼어붙거나 수치심에 달아오르는 등 다양하게 변형시킬 수도 있다. 무한한 공간에서 이런 힘들이 우리에게 다가오고 영향력을 행사하는 것처럼 보인다. 고든 크레이그의 무대 배경은 이런 무한한 공간의 느낌을 주며, 그곳에서 연기는 '구체성과 보편성' 사이에 존재한다.

다음은 로널드 하우드Ronald Harwood의 희곡 《멋진 드레서The Dresser》에서 발췌한 대사다.

선생님 : (배우는 리어왕에서 자신의 연기에 대해 말한다)… 제 생각엔 오늘 밤 제가 그를 본 것 같아요. 아니면 그가 저를 본 것처럼 제 자신을 봤어요. '이유는 필요하지 않아'라고 말할 때, 저는 갑자기 제 자신에게서 떨어져 나왔어요. 제 생각이 날아다녔어요. 그리고 저는 아주 높은 곳에서 제 자신을 지켜봤죠. 계속해, 나쁜 자식, 저는 말하고 있거나 아니면 듣는 것처럼 보였어요. 계속해, 더 주란 말이야, 저

지하지 마, 더, 더, 더. 그리고 저는 리어를 보았어요. 그가 말하는 모든 단어가 새롭게 만들어진 것 같았어요. 저는 그 다음에 무엇이 올지, 어떤 운명이 그를 기다리고 있을지 알 수가 없었어요. 연기가 창조되는 그 순간에 극심한 고통이 있었어요. 저는 한 늙은이를 보았고, 그 늙은이는 저였어요. 그리고 저는 더 올 것이 있다는 것을 알았죠. 하지만 무엇이? 극도의 행복, 불완전한 회복, 더 큰 고통과 죽음. 이것이 제가 지금까지 본 모든 것이에요. 저의 바깥에서, 이해하세요? 제 바깥에서는….

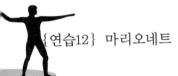

{연습12} 마리오네트

주변 행동

몸에 마리오네트처럼 줄이 달려있어서 이쪽저쪽으로 당기는 대로 움직인다고 상상해보자. 다음에는 줄은 없어졌지만 당기는 느낌은 느낄 수 있다고 하자. 당신은 외부인이 당기고 미는 대로 움직인다. 몸이 날랜 사람은 공간이 떠받치고 있다고 느끼며, 자기 주도가 아니라 주변 공간의 힘으로 움직인다고 생각한다. 채플린이 최고의 연기자인 이유는 주변 공간이 살아서 움직이는 것을 느끼는 타고난 감각 때문이라고 나는 언제나 생각해 왔다.

다시 마리오네트처럼 위로 끌려 올라간다. 하나씩 줄을 풀면서 자유를 만끽하다가 다시 줄에 묶인다. 이 연습은 주변 공간에 대한 의식을 높여 주는 효과가 있다. 특히 배우에게 아주 중요하지만 흔히 간과하기 쉬운 뒤쪽 공간에 대한 의식, 즉 '등 뒤 감각'을 높여준다.

중심이 아닌 외부에서 나를 움직이게 만드는 힘을 느껴보라. 주변 세계가 당신을 지탱하고 있음을 느껴보라.

{연습13} 끌어당기는 힘과 밀쳐내는 힘

공간 의식을 발전시키는 또 다른 연습을 소개한다. 끌어당기는 힘과 밀쳐내는 힘을 깨닫는 연습이다.

지금이 20세기 초반이며 농장에 처음으로 트랙터가 배달되었다고 상상해보자. 일꾼들이 트랙터 주변으로 모여든다. 트랙터는 그들을 끌어당겼다가 밀쳐낸다. 아주 아름다운 것도 같지만 또 한편 위험해 보이기 때문이다. 낯선 괴물이다. 다시 트랙터에 끌려 다가갔다가 또 겁을 먹고 뒤로 물러난다. 이런 식으로 반복한다.

처음에는 배우가 대상을 향해 다가가지만 다음 순간 그 대상이 힘을 행사한다. 건물이나 소지품이 한순간 매력적이었다가, 어떤 사건으로 인해 갑자기 혐오스러워지는 경우가 있다.

이 연습에서 트랙터 같은 사물이 배우에게 영향력을 행사하는 연기를 할 때는, 그 순간에 배우는 정말로 그 대상이 자기를 끌어당긴다고 혹은 밀쳐낸다고 느껴야 한다. 이것은 배우가 순전히 자기중심에서 출발하는 것보다 외부의 세계와 더 소통하고, 그 세계에서 힘을 끌어내는 능력을 강화시킨다.

제스처 유지하기

어떤 분위기(예를 들어 '의혹')를 택해 몸으로 표현한다. 이제 그 제스처를 계속하면서 무대를 돌아다니기 시작한다. 어쩌면 느린 춤동작처럼 보일 수도 있다.

제스처를 계속 유지하는 연습을 하다보면, 그 제스처를 창조하는 정신적 에너지를 내면에서 계속 쏟아내야 한다는 느낌을 받는다. 제스처와 분위기를 지속하기 위해서는 고도의 집중력이 필요하다. 그러면 보상 행동이 뒤따른다. 배우가 수행하는 신체 제스처가 다시 배우의 상상 속에 반영되고, 제스처는 스스로의 힘으로 일어서기 시작한다. 제스처가 독자적 생명력을 갖기 시작하는 순간이 가장 중요하다. 그 순간 배우는 주관적 행동과 객관적 행동 사이의 경계선에 접근하기 때문이다. 제스처를 유지하려는 노력 때문에 제스처가 스스로 생명력을 갖게 될 때 뚜렷한 방향을 가진 에너지 흐름이 제스처를 이끄는 것 같은 양상이 벌어진다. 제스처가 배우의 외부에 존재하게 되면서 원할 때마다 사용할 수 있는 객관적인 매개체가 된다.

이런 경험을 통해 자신의 동작을 의식하는 힘이 자란다. 예를 들어 배우가 발언을 강조하기 위해 두 손으로 탁자를 짚고 몸을 앞으로 기울였다고 하자. 이런 동작을 수행하면서 배우는 제스처가 하는 말을 듣는다. 그리고 자기 행위를 명확하게 의식하게 된다. 이를 기준으로 배우는 연기에 대한 예술적 판단을 내릴 수 있다.

연기 객관화하기

지금까지 우리는 이야기꾼의 상상력에서 출발해 강조하는 말하기를 거쳐 배우의 제스처까지 살펴보았다. 또한 움직임에 대한 배우의 본능적인 감각에서 출발해 역으로 말소리에 담긴 연속된 제스처를 살펴보았다. 그 과정에서 '문장의 소리와 리듬에 따라 춤추기'가 말하기의 역동에 힘입어 의미를 더 잘 전달하고, 능동적인 듣기를 통해 의미를 파악할 수 있다고 말해왔다.

이제 무거운 짐을 들어 올릴 때, 점점 화가 날 때, 겁이 나기 시작할 때 같은 상황의 힘과 에너지, 긴장을 마임으로 표현하는 연습을 해보자. 근육은 이완되고 유연해야 한다. 그래야 힘과 긴장이 뚜렷해지기 때문이다. 이 연습은 현재 수행하고 있는 동작에 대한 객관적 의식을 일깨워준다.

객관적 의식 상태의 구체적인 예로 앞서 언급한 등반 상황으로 돌아가 보자. 절벽을 타는 중에 위험 수위가 너무 높은 탓에 걱정과 두려움이 몰려오기 시작한다. 순간적으로 '이러다 떨어지겠는데.' 또는 '너무 무서워서 속이 메스꺼워 지려고 해.' 같은 상황 인식이 떠오른다. 동시에 의식 대부분은 절벽을 안전하게 지나는 상황에 몰두해있다. 그런 인식을 객관화하면 오히려 정신적으로 훨씬 더 큰 위기에 처할 수 있다.

극도의 공포에서는 인간이 공포 그 자체가 되어버려 공포를 객관적으로 볼 수 없다고 한다. 하지만 배우는 이런 상황을 연기하기 위해 긴장, 근심 같은 감정을 객관화해야 한다. 이때 배우는 '실제 상황'에서 고통 받을 때보다 더 의식적으로 경험한다.

또 다른 연습은 살아남기 위해 힘과 에너지를 마지막 한 방울까지 쥐어짜면서 전투하는 군인을 연기하는 것이다. 병사는 결국 죽지만 영혼이 일어나 싸움을 계속 한다. 살았을 때에 비해 힘이나 노력은 그리 크게 실리지 않는다. 자기가 유령이라 상상하면서 앞서 했던 동작을 그대로 수행하되, 모든 행동에 일종의 투명한 느낌을 담는다.

이런 연습은 배우의 내면에 연기에 대한 올바른 느낌을 심어준다. 힘을 빼고 행동을 찬찬히 객관화하면 연기를 하는 동시에 의식이 완전히 깨어있게 된다.

작곡을 할 때도 음악이 스스로 일어서야 하는 순간이 온다. 교향곡에는 늘 작곡가의 이름이 따라다니고, 우리는 그 작품을 창조한 작곡가를 존중한다. 하지만 교향곡은 하나의 창조물로 스스로 존재한다. 심지어 작곡가는 음악이 자기 손을 떠나 홀로 서는 것을 기뻐하기도 한다. 마티스Matisse가 프랑스 방스에 있는 한 성당의 내부 벽화를 완성한 뒤에 "이제야 홀가분해 졌군."이라고 한 것처럼, 작곡가는 '이제 이 작품과는 안녕.'이라고 말할지 모른다.

이처럼 눈부신 객관성을 갖는 것이 배우에게는 쉬운 일은 아니다. 배우와 연기는 아주 가깝게 밀착되어 있기 때문이다. 연기 예술에서 배우는 자신을 도구로 사용해야 한다. 하지만 올바른 방법만 찾는다면 연기 예술도 스스로 일어설 가능성이 충분히 있다.

같은 역할을 50번이나 100번씩 반복해서 연기한 경험이 있는 배우는 (오직 반복을 통해서만) 연극과 자기 연기가 독자적인 생명력을 지닌다고 느끼곤 한다. 반복 과정 중에 무대가 지루해지고 기계적으로 연기하는 단계에 올 수 있지만, 그 순간이 지나면 다시 생명력을 갖는다. 흥미가 되살아나는 이유는 우리가 그것을 새롭고 객관적인 시각으로 볼 수 있기 때문이다. 새로운 눈으로 보기 시작하면 배우는 자신이 완전히 '맨땅에서' 쌓아올리는 것이 아니라, 이미 독립적으로 존재하는 전체 구조 속에서 자기 역할을 담당한다고 인식하게 된다. 그러나 연습 기간에 이런 객관적인 수준의 연기에 도달하는 건 전혀 다른 문제이다.

먼저 무대 위 움직임과 말하기를 살펴야한다. 제스처의 바탕에 깔린 형태와 말하기에 내재한 구조와 형식을 훨씬 더 섬세하게 의식하고 찾아내야 한다. 움직임에 있어서는 이미 많은 연구와 실행이 진행되었다. 운동 역학 분석가, 루돌프 라반의 연구, 춤과 마임 단체 등 수많은 사람이 자유 형식부터 제의적인 움직임까지 모든 동작과 움직임에 큰 열정을 보이며 깊이 매진해왔다.

춤과 마임에는 항상 열정적인 관중들이 존재한다. 연구와 저술 역시 풍부하다. 이제부터 (굳이 이름을 붙이자면) '소리-운동 감각'을 살펴볼 것이다. 이는 말하기 속에 존재하는 움직임을 이해하고 알아보도록 도와주는 감각이다.

{연습14} 소리-운동 감각을 위한 마임

먼저 '신중한, 열망하는, 주저하는, 단호한' 같은 분위기 하나를 택한다. 그 분위기 안에서 서류 정리, 식탁 차리기, 요리하기 같은 일상적인 행동을 한다. 특정 분위기로 행동 전반에 색을 입히는 연습이다. 관객은 그 분위기가 유지되는 것을 볼 수 있다.

다음에는 아래 대사를 소리 내어 읽으면서 각 대사의 주요 제스처를 찾아본다. 한 사람이 대사를 읽고, 배우들은 그 대사에 따라 움직이거나 '춤을 춘다.' 배우가 말 속에서 제스처를 찾는데 도움을 줄 수 있도록 일부 대사는 몇 번씩 반복한다. 다음에는 들으면서 움직였던 사람이 역할을 바꾸어 대사를 읽는다. 마음속에서 아까 몸으로 했던 동작을 대사 속에 담아내도록 노력한다.

A : 이런, 이런, 이런 나는 그 남자가 진실을 말하지 않는 것 같다는 생각이 드는데.

B : 아니야, 정말 아니야, 그 사람이 그런 일을 할 거라는 건 상상이 안 돼.

C : 모르겠니? 네가 얼마나 고집이 센지 모르겠어?

D : 놀라워, 네가 그렇게 말하다니 정말 놀라워.

E : 절대, 절대, 절대로 내가 죽기 전까진 그런 일에 동의할 일 없을 거야.

F : 우리가 좀 정리, 새롭게 정리할 수 없을까, 합의, 합의에 도달할 수 없을까?

G : 제발, 무슨 일이 일어났는지 안 보이니? 이해 못하겠어?

H : 이제 다 끝났어, 다 끝났어, 신께 감사해!

I : 있잖아, 난 이상한 느낌이 들어. 모든 일이 괜찮을 거라는, 모든 것이 잘될 거라는 느낌말이야.

J : 여기서 빠져나갈 수 있는 방법을 알았으면 좋겠어. 진심으로.

K : 아마 그 사람이 돌아올지도 몰라, 아마 돌아올 거야. 그러면 그 사람은 미안해하면서 미안하다고 말하겠지. 그러면 우리는 모두 웃어넘기고 괜찮아질 거야.

6 말하기 속 움직임 찾기

16세기 배우들은 돌출 무대에 홀로 서서 오로지 제스처와 말하기만을 이용해 연극을 창조했다. 《햄릿》에서 클로디어스 왕이 기도하는 장면을 읽으면서 그런 경험을 되살려 볼 수 있다. 클로디어스의 상황 속으로 들어가 안위를 걱정하는 상태를 경험해보는 것이다. 이는 대사의 문자적 의미와 문장의 역동적인 형태, 문장 구성 모두에서 드러난다. 누가 대사를 읽어주고 그에 따라 움직이면 이런 특성이 더 분명해질 수 있다. 처음에는 느리고 조심스럽게 진행되겠지만 점점 말하기에 내재한 '춤'의 특성이 명백해질 것이다.

이 연습의 핵심은 배우가 생각을 움직임으로 전환하는 것이다. 단순해 보이는 연습이지만 연기 전반에 기초를 만들어 줄 수 있다.

글을 읽으면서 우리는 인쇄된 단어를 계속해서 사고로 전환한다. 생각으로 춤을 추고 생각으로 움직여서 사고를 행위로 변형시키지 못하면 지나치게 '머리에 집중된 활동'이 되고 말 것이다.

위기 상황처럼 어떤 문제에 대해 골똘히 생각해야 하는 경우가 있다. 그럴 때 결론에 이르도록 생각을 몰고 가기 위해 방을 이리저리 걸어 다니게 된다. 발걸음에 담긴 의지의 힘은 사고 활동을 촉진한다.

일상생활에서는 이런 일이 자주 일어나지 않지만, 사고를 확실하게 자극해야 할 때는 일단 움직이게 만들어야 한다.

연극에서 이런 힘을 제대로 인식하지 못하면 오늘날 흔히 볼 수 있는 수준의 연기에 그치고 만다. 살아있는 움직임이 전혀 없는 단조로운 대사를 입으로 줄줄 읊으면서 움직이고 몸짓을 한다. 그 이상을 기대하지 않는데 이미 익숙해진 상태라면 이런 연기가 그리 거슬리지 않을 것이다. 하지만 말에 따라 걷고 춤추는 연습을 하고, 사고가 배우의 목소리를 타고 흘러나와 활자에서 해방된 것처럼 자유롭게 움직이는 상태를 경험하고 나면 이것이 배우 훈련에 얼마나 중요한 연습인지를 절실히 깨닫게 된다.

다음으로는 완전히 암기하고 철저히 분석한 대사를 가지고 오직 발걸음으로만 대사를 표현해본다. 사고를 분명하게 형성하기 위해 방안을 이리저리 걷는 것과 비슷한 효과를 지니는 이 연습은 말하기의 역동에 새로운 힘을 불어넣는다.

마지막으로 사고의 움직임을 겉으로 드러내지 않으면서 대사를 전달하는 연습을 한다. 겉으로는 고요해보이겠지만 말하기 속에는 춤과 같은 움직임이 들어있게 될 것이다.

말하기가 춤출 수 있는 것처럼 움직임은 노래를 부른다.

말하기 속의 움직임 : 지브리쉬 Gibberish[15]

게임을 하면서 말하기 속 움직임을 경험해보자. 한 그룹이 지브리쉬로 대화를 나눈다. 지브리쉬는 세상에 존재하는 언어가 아니라 배우들이 즉석에서 창조하는 소리 언어다. 연습의 주된 목적은 아무 내용 없는 말의 높낮이를 모방하면서 어조를 파악하는 것이다.

높낮이 있는 말소리에서 느낄 수 있는 감정은 말하는 사

---

15 지브리쉬_횡설수설이라는 뜻으로, 입에서 나오는 소리를 아무렇게나 말하는 것

람에게 큰 재미를 안겨준다. 단어의 의미뿐 아니라 말소리의 역동적 흐름을 통해서도 언어를 이해할 수 있음을 깨닫게 되기 때문이다. 지브리쉬에 분명한 의미는 아무 것도 없지만 표현은 아주 풍부하다. 예를 들어 누군가에게 질문하는 것 같은 느낌을 담아 일련의 소리를 낸다. 그런 다음 대답을 기다리는 것처럼 잠시 멈춘다. 아무 대답이 없으면 다시 소리를 낸다. 이 때 만드는 지브리쉬 문장은 전적으로 좀 전에 말했던 억양에 근거해서 나온다. 다음 문장으로 어떤 억양이 적당하다는 자연스런 느낌이 생겨나는 것이다.

앞의 움직임 연습처럼 '소리 제스처'가 우리 내면에 반영되기 때문에 지브리쉬에 대한 대답으로 또 다른 제스처를 만들어낼 수 있다.

이제 지브리쉬 연습과 동일한 방식으로 대사 속 제스처나 힘의 역동을 찾아보자. 하지만 이번에는 소리에 의미가 들어 있다. 다음 연습15에서 '말하기 춤'을 다음 네 가지 방법으로 시도해보자.

1. 두 사람씩 짝을 짓는다. 한 사람은 대사를 읽고 다른 사람은 소리에 따라 다양한 방식으로 '이동'하면서 문장의 형태를 탐색한다. '이동'이라는 단어를 강조한 이유는 말하기의 표현력이 단지 어조의 높낮이를 바꾸는 문제에 불과하다는 인식에 문제 제기를 하기 위해서다. 말하기로

걷고, 뛰고, 깡충 뛰어오르면서 우리는 말하기도 걷고 '이
동'할 수 있음을 느끼기 시작한다.

2. 마음속 음악처럼 아무 소리도 내지 않으면서 대사를 말
한다. 겉으로 그 대사에 따라 움직인다.

3. 변화하는 힘의 흐름에 따라 움직임을 큰 동작으로 수행
하면서 움직이고 말한다. 한 역동에서 다른 역동으로 넘
어가는 지점에 주의하면서 밖으로 그 상태를 표현한다.

4. 신체 제스처를 먼저 하고 그 뒤에 대사를 한다. 제스처는
작을 수 있지만 대사는 눈에 띄게 자연스러워진다.

{연습15} 말하기 춤_ 움직임과 소리의 역동

● 그래, 이제 알겠어. 이제야 알겠어. 이해했어. 정말이지 그게 진실
이야. 알겠어. 알겠어. 어떤 걸 이해한다는 건 이렇게 엄청난 느
낌이군. 그것을 알게 되는 것, 붙잡는 것… 받아들이는 것. 그리
고 갖고 있는 것. 그게 뭐였지? 그게 뭐였을까? 잊어버렸어. 그게
뭐였을까? 이제, 진정하고 찾아보자. 느껴보자. 그 생각. 그건 정
말 좋은 생각이었어. 아주 굉장한 생각… 하지만 그게 뭐였지? 잠
깐만. 아니야, 잊어버렸어. 지나가 버렸어. 가만 있자, 우리는 함
께 좋은 시간을 보냈어, 그 생각과 나. 하지만 가버렸어. 가버렸다
고. 날 차버렸어.

- 아니야, 나는 그냥 넘어가지 않을 거야! 충분해! 충분하다고! 지렁이도 밟으면 꿈틀해. 쥐구멍에도 볕들 날이 있다고. 나를 비겁하게 만드는 것들은 다 꺼져버려. 그런데 어떻게 용감해질 수 있지? 용감해질 만한 게 없는데. 용감해지는 건 저항의 느낌을 즐기는 거야. 그럼, 난 저항하겠어. 난 정면으로 맞설 거야. 난 대항할 거야. 꿈쩍도 하지 않을 거야. 움직이지 않고, 확고하게, 돌이키지 않을 거야. 불굴의 의지로. 승리를 향해. 굉장해. 아랫것들이 천장을 두드리지 않으면, 내가 발로 쿵쿵 바닥을 칠거야. 걔네들이 천장을 두드리게 할 거고, 그럼 나는 발로 콱콱 밟아줄 거야. 내가 못할 것 같아? 그냥 한 번이야. 자, 간다. 발을 굴렀어! 이제 천장을 쳐. 조용해? (다시 구른다) 아무런 반응이 없네. (아래에서 두드린다) 아! 이제 나타나셨군? 그럼, 다시 한 번 굴러주지. (발을 구르고, 두드리고, 발을 구르고, 두드린다) 이제 충분해. 커피나 한 잔 마셔야지.

- 간단해, 아주 간단해, 완전 간단해. 깔끔하고 완벽해. 최고로 간단해. 흠잡을 데가 하나도 없어. 매그럽고 윤이 나고 번드르르해… 그런데 왜 나는 그 단순함을 복잡하게 만들려고 하지? 너무 능수능란한가? 너무 번드르르해? 비난을 받을까? 너무 매그럽고 고상해서? 아니야. 그건 신성한 안마사의 부드러운 손길이었을 뿐이야. 마술사의 마법 같은 움직임이었을 뿐이야. 넋을 빼놓는 날랜 솜씨의 섬세한 손동작이었을 뿐이야. 너무 부드러운가? 너무 매그러워? 그래, 아마 너무 매그러운가봐.

- 왕 클로디어스 : 오, 내가 이런 지독한 짓을. 악취가 하늘까지 풍

기는구나.

최초의, 가장 오래된 저주가 씌었도다,

형제 살해. 기도를 할 수가 없다.

하고 싶은 욕망은 결심만큼이나 날카롭지만

강력한 나의 의도를 더 강력한 나의 의지가 패퇴시킨다.

그리고 서로 다른 목적에 묶인 자처럼

나는 처음 시작해야 하는 그 지점에서 멈춰 서 있다.

그리고 둘 다에 소홀하지. 이 저주받은 두 손이

형제의 피로 원래보다 두껍단들,

그 감미로운 하늘에 충분한 빗물이 있어

이 손을 눈처럼 하얗게 씻어 줄 수 없단 말인가? 자비가
무슨 소용인가,

자신이 저지른 죄와 얼굴을 맞대야 하는 것뿐이라면?

그리고 기도가 무슨 소용인가, 딱 두 가지,

추락하기 전에 막아 주거나,

망했으므로 용서해주는 힘 아니라면? 그렇담 얼굴을 들겠지.

내 죄는 지난 일이다— 하지만 오, 어떤 식의 기도가

내 경우에 적절하지? '더러운 나의 살인죄를 용서해주소서?'

그건 안 돼, 난 여전히 누리고 있으니까,

내가 살인한 목적들을—

나의 왕관, 내 자신의 야망, 그리고 나의 왕비를.

용서를 받고도 범죄로 획득한 것들을 계속 지닐 수 있나?

썩어 빠진 이생의 시속에서는

뇌물 먹이는 범죄의 손이 정의를 밀쳐 낼 수 있다.

그리고 종종 보이지, 사악한 이득 자체가

법을 매수하는 모습도. 하지만 하늘에서는 그렇지 않아.

빠져나갈 수 없지. 그곳 재판은

아주 제대로야, 몰아붙이지, 우리 자신을

우리 잘못의 이빨과 이마에까지 몰아붙여

자백을 하게 만든다. 그렇다면? 할 수 있는 게 뭐지?

참회로 할 수 있는 것. 참회가 뭘 못하겠어?

하지만 참회를 할 수 없는데, 참회가 무슨 소용인가?

오, 저주받은 상태로다, 오 죽음처럼 검은 가슴이로다.

오, 영혼이 새잡이 끈끈이에 잡혀, 벗어나려 안간힘 쓰지만,

그럴수록 뒤엉켜 드는도다! 도와주소서, 천사님들! 어떻게

든 해 보소서.

꿇어라, 완고한 무릎이여, 그리고 무쇠 근육 심장이여,

갓난애의 근육처럼 보드라워지라.

모든 게 잘 될지도 몰라.

《햄릿》 3막 3장 중에서, p115~116

말의 높낮이를 움직임으로 바꾸기

앞서 말하기 속 풍부한 표현력은 오직 목소리의 높낮이에 달려 있다는 믿음에 대해 언급했다. 실제로도 그런 것처럼 보인다. 하지만 예술적 말하기에서는 얘기가 전혀 달라진다. 배우

는 목소리를 높일 때 더 큰 공간을 장악한다고 상상해야 하고, 목소리를 낮추면 포괄하는 공간이 그만큼 줄어든다고 생각해야 한다. 제스처도 마찬가지다. 팔을 머리 위로 높이 들어 올리는 동작을 할 때 단지 팔 위치가 달라지는 것이 아니라 공간 자체가 확장된다고 느끼게 된다. 팔을 어깨 아래로 내릴 때는 공간적으로 스스로를 감싼다고 느낀다. 제스처와 마찬가지로 말하기에서도 목소리의 높낮이 보다 공간의 확장과 수축에 더욱 집중하면 제스처와 말하기 활동에 더 풍부한 상상력을 불어넣을 수 있을 것이다.

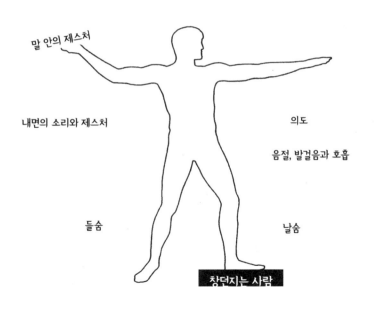

상상력
예술가의 창작물   충동 impulse

인상 impression

외양
배우
말

표현
힘 impact

전달
놓아주기

보이지 않는 영역

보이는 영역

보이지 않는 영역

보이지 않는 영역

말 안의 제스처

내면의 소리와 제스처

의도

음절, 발걸음과 호흡

들숨

날숨

창던지는 사람

7 말하기와 제스처의 여섯 가지 자세

연극 공연 경험을 떠올려보면 신체적 감각을 사용해 표현할 수 있는 범위에 기본적인 한계가 있음을 알게 된다. 인간이 가진 감각의 종류는 한계가 있기 때문에 기본적으로 표현할 수 있는 형태에도 한계가 있다.

　루돌프 슈타이너는 말하기와 연극에 대한 강의에서 각기 뚜렷하게 다른 제스처와 어조를 가진 여섯 가지 기본자세에 대해 이야기했다.

　첫 번째 효과적인 제스처는 '무엇인가를 성취'했을 때 몸짓이다. 동작 하나를 완수했을 때 찾아오는 만족감을 느낄 수 있는 이 제스처는 운동 경기에서 흔히 볼 수 있다. 공을 차고, 창을 던지고, 활을 쏘고, 달리기를 하고, 원반을 던질 때는 항상 지금까지 기울인 노력을 마무리하는 동작이 있다. 운동 경기에서 궁극적으로 추구하는 만족은 목표한 움직임을 효과적으로 수행하는 것이다. 사실 이런 만족은 어느 정도까지는 수동적, 간접적으로 얻을 수 있다. 행동 묘사가 풍부한 소설을 읽는 것도 여기에 속한다.

그러나 운동선수나 액션 소설 독자가 얻을 수 있는 경험은 모든 인간 활동에 존재하는 움직임의 희미한 그림자에 지나지 않는다. 사람마다 정도는 달라도 모든 인간은 신체적 움직임이든 사고나 개념 속에서든, 대화를 통해서든 무슨 일을 '하려는' 욕구를 지닌다. '일을 꾸미고 조직하는 능력'이나 '타인에 대한 적극적인 공감' 역시 여기에 해당한다.

이러한 욕구와 충동의 존재를 드러내는 제스처는 외향적이다. 손가락으로 가리키고, 지시하고, 명령을 내리고, 확실하게 의사를 표현하기 위해 탁자를 두드리고, 남을 설득하기 위한 웅변처럼 우렁찬 목소리로 말한다. 배우의 모든 말과 행동에는 이 제스처가 조금씩이라도 들어있어야 한다. 연기하는 인물의 성격이 아무리 유약하고 수줍음 많고 우유부단해도 '효과적인' 제스처가 바탕에 깔려 있어야 한다.

두 번째는 공감의 제스처다. 눈앞에 닥친 상황이나 마주

친 사람에게 '마음을 여는' 몸짓이다. 오늘날에는 방어막을 열고 경계를 확장하는 것이 갈수록 어려운 일이 되고 있다. 세상의 온갖 위협 때문에 우리의 공감 능력은 위축되고, 지나치게 방어적인 태도가 자라게 된다. 하지만 동시에 세계 전체를 향한 보편한 공감 능력 또한 계속 성장했다. 동물 보호나 난민 구호 활동처럼 사회적 약자에게 공감하고 그들의 권익을 위해 싸우는 사람들이 있다. 개인적 불안 때문에 직접적인 공감 능력은 어떤 면에서 위축되었지만, 세계에 대한 더 크고 더 책임감 있는 공감 능력은 점차 확산되고 있다. 이처럼 외향적으로 마음을 '여는' 힘은 감싸는 제스처, 사물을 부드럽게 어루만지는 제스처로 드러나며, 말하기에 공감과 온화함을 불어넣는다.

세 번째는 장애물을 뚫고 나가는 제스처다. 이는 6가지 제스처 중 가장 고귀한 몸짓이라 할 수 있다. 질문하고 탐색하고 추구하는, 그리고 결국 발견하는 자세는 인간 본성의 가장 긍정적 측면인 진보를 향한 열망을 보여준다. '묻지 않는 자, 질문하지 않는 자에게 재앙이 있으라.'[16] 이 제스처에서 우리는 신중하게 혹은 세련되게, 공격적으로, 청년다운 기상으로 함께 손을 잡고 앞으로 나가며, 그 과정에서 인생의 의미와 참

---

[16] 햄릿의 대사

된 자아를 찾으려는 태도를 느낄 수 있다.

고대 그리스 연극의 코러스들은 떨리는 혹은 준엄한 목소리로 눈앞에서 펼쳐지는 행동의 옳고 그름을 묻는다. 토론하고, 결정하고, 끊임없이 올바른 길을 찾고, 갈등을 통해 앞으로 나아간다. 이들의 말을 듣고 있으면 의심과 두려움에도 불구하고 앞으로 나아가야한다는 생각이 저절로 떠오르게 된다. 《햄릿》의 많은 대사에 이런 느낌이 담겨있다.

나머지 세 가지 제스처는 위의 세 제스처와 정반대 태도다. 확장하고, 열고, 세상 속으로 뚫고 들어가는 대신 후퇴하고, 수축하고, 고집을 부린다.

'효과적인' 제스처의 반대는 심사숙고하는 태도다. '심사숙고'할 때의 몸짓은 쉽게 알아볼 수 있다. 여기에는 행동을 자제하고 안으로 거두는 특성이 있다. 양 손끝을 마주 누르거나, 머리를 부여잡거나, 턱을 쓰다듬거나, 코나 귓불을 잡아당기거나, 허리에 손을 얹고 서거나, 로댕의 '생각하는 사람'과 비슷한 자세를 취하기도 한다. 모두 '효과적인' 제스처의 발산하는 느낌과 상반된 억제하는 느낌이 있다. 이 제스처는 내면에서 사고 활동이 일어날 수 있도록 외부를 향한 동작을 억제하려는 것처럼 보인다. 스포츠에서는 두 제스처가 나란히 일어나는 것을 볼 수 있다. 준비 동작에 이어 본 동작에 뛰어들 때, 처음에는 심사숙고하는 제스처를 취했다가 사고에서 행동으로 태도를 전환한다. 숙련된 선수일수록 두 제스처의 대비가 더 확연하게 드러난다.

사고의 내적 활동이 자유롭게 일어날 수 있도록 행동을 억제하는 것이야말로 가장 인상적인 제스처다. 이 제스처를 할 때 말은 신중하고 음색은 풍부해진다. 여기서 우리는 흥미로운 점을 발견할 수 있다. 과연 오늘날 무대에서 생각을 말로 표현하고, 관객의 눈과 귀 앞에서 생각의 패턴을 창조하는 배우를 얼마나 자주 만날 수 있을까?

물론 사고의 결과는 넘치도록 흔하다. 그러나 여기서 말하려는 것은 실제 사고 과정이다. 이것을 볼 수 있으면 우리는 완전히 정립된 사고 형상이 나오기까지 개념이 발전하는 과정을 따라갈 수 있을 것이다.

《베니스의 상인》에 나오는 법정 장면 이후로 영국 연극에는 재판 장면이 인기 있는 소재가 되었다. 양측의 사고가 오가는 과정이 극적으로 펼쳐지는 법정 장면은 관객에게 큰 만족을 줄 수 있다. 무대에서 드러나는 것은 사고의 결과뿐이지만 법정 장면의 특성상 그 진행 속도가 아주 빠르다보니 결론을 향해 달려가는 사고의 흐름을 바짝 뒤쫓아 갈 수 있기 때문이다.

일종의 '명상 연극'을 통해 사고 자체가 풀려나가는 과정을 그려볼 수 있으면 만족이 훨씬 깊어질 것이다.(루돌프 슈타

이너가 쓴 네 편의 신비극[17] 참조)

다섯 번째는 밖으로 나가는 공감의 반대인 반감의 제스처다. 상황이나 사람, 사물에게서 물러나는 몸짓이지만, 그것을 피해 도망가는 것이 아니라 적대적인 요소를 밀어내는 쪽이다. 우리와 대립하는 것을 밀어내거나 집어던진다. 어떤 상황에서는 방이나 집 밖으로 뛰쳐나가는 것처럼 우리 자신을 튕겨내기도 한다. 얼핏 생각하면 눈에 잘 띄는 행동일 것 같지만, 아주 미묘하게 이런 느낌을 전달하기도 한다. 한발 뒤로 물러나 비판적인 눈으로 바라보는 것도 반감의 제스처다. 마찬가지로 저항의 의미를 지닌 모든 행동에 반감이 들어 있다. 용기 있는 행동에도 반감이 들어 있다. 반감이 꼭 부정적인 것은 아니다. 도시에 사는 사람은 쏟아지는 수많은 인상을 견뎌내기 위한 자기 방어로 반감이 필요하다. 사실 일상생활의 많은 요소가 방어기제로 무의식적 반감을 불러일으킨다고 말할 수 있다. 우리는 귀에 들리는 소리를 차단할 수 있다. 너무 익숙한 소리거나 더 흥미로운 다른 일이 있으면 귀를 닫아버린다. 마찬가지로 마음을 닫으면 광고판처럼 목청껏 우리의 관심을 잡아끄는 것도 안 보고 지나칠 수 있다. 주변의 감

---

17 루돌프 슈타이너의 신비극_ 1910~16년에 슈타이너가 창작한 네 편의 신비극. 인간 안에서 일어나는 정신, 영혼적 과정들을 표현, 공연에서는 인지학을 바탕으로 한 새로운 언어 조형과 무대미술, 오이리트미를 사용하였다.

각 인상을 무시한다는 건 그것을 향해 반감을 발휘한다는 뜻이다. 감각 인상으로 다가오는 모든 자극에 전적으로 공감하는 사람은 지하철을 타고 다닐 수 없을 것이다. 많은 사람에게 점점 반감이 필수 요소가 되어가고 있다. 인간 영혼 깊은 곳에는 공감을 표현하고 싶은 열망이 있다. 그러나 반감에서 힘을 찾으려는 욕구 또한 존재한다. 예전에 어떤 배우와 작업을 한 적이 있다. 아직 맡은 역할을 완전히 표현하지 못하는 상태였는데, 반감의 느낌으로 '양념'을 치자 연기가 한결 선명해졌다. 다르게 표현하자면 연기에 구체적인 형상이 생겼다.

여섯 번째는 자기 영역으로 물러나는 제스처다. 이 태도는 '전진하는' 제스처와 쌍을 이루며 밖으로 나가고 안으로 들어와 닫는 두 상태를 빠르게 오간다. 이 여섯 번째 제스처는 외부 경험을 밀어내지도 적극적으로 촉진하지도 않으면서 자아 감각이 주변을 장악하게 해준다.

혼잡한 버스나 지하철에서 이 제스처를 볼 수 있다. 좁고 닫힌 객차 안에서 밀고 밀리면서도 놀랄 만큼 초연한 자세로 자기만의 섬이 되어 서 있다. 그리스 조각상 〈델포이의 마부〉에 이런 특징이 잘 나타나 있다. 그는 기둥처럼 꼿꼿이 허리를 세우고 차분하게 고삐를 잡고 서있다. 이 제스처에는 주변에서 일어나는 사건을 살피면서도 자기만의 결론에 도달할 수 있는 관찰자가 있다.

여섯 가지 제스처를 연구할 때는 겉모습, 사소한 부분, 핵심 동작을 아는 것도 필요하지만, 동시에 이 제스처들 사이에 인간 행동의 모든 미묘한 느낌이 포함되어 있음을 이해하는 것이 중요하다. 이를 통해 세상 속으로 뚫고 들어가는 모든 몸짓과 세상에서 오는 인상을 받아들이는 모든 자세를 표현할 수 있다. 배우가 인간의 모든 몸짓에 담긴 이 보편한 속성을 이해한다면 연기 예술의 튼튼한 밑바탕이 될 것이다.

이상은 여섯 가지 제스처에 대한 간략한 소개에 불과하다. 더 이상 부연 설명하는 것은 독자에게 선입견을 주고 독자 스스로 주변에서 벌어지는 인간 행동을 편견 없는 시선으로 관찰하는 데 방해가 될 수 있을 것이다. 아래에 소개하는 사례를 길잡이 삼아 인간 영혼이 표현하는 심오한 의미를 표현까지 탐구해 들어가길 바란다.

여섯 가지 기본 제스처 연습

효과적인, 심사숙고하는 '효과적인' 제스처를 위해 급히 무엇인가를 찾는 상황을 연기해보자. 예를 들어 진땀을 흘리며 다급하게 서류를 찾는 군인이라고 해보자. 한 곳을 뒤지다가 서류가 있을 법한 다른 곳으로 후다닥 옮겨간다. 생각은 거의

없고 행동이 대부분을 차지한다.

구석구석 뒤져도 찾지 못하면 조금씩 '심사숙고하는' 몸짓을 보이기 시작한다. 찾는 행위보다 곰곰이 생각하며 주변을 둘러보는 쪽으로 중심이 옮겨가는 것이다. 그러다가 어느 순간 모든 행동을 멈춘 채 골똘히 생각하며 방 안을 이리저리 둘러본다. 생각 없이 행동만 하던 초반부와 달리 한참 생각한 뒤에 서류가 있을 만한 곳으로 결단력 있게 이동한다. 이 짧은 드라마에서 우리는 '효과적인' 제스처에서 '사려 깊은' 제스처로, 다시 '효과적인' 제스처로 이동했다. 마지막은 서류를 찾으면서 끝나야 시작한 일을 성취할 때의 만족감을 표현할 수 있다. 처음부터 다시 한 번 반복한다. 이번에는 사건 속에 소리 제스처를 집어넣기 위해 '지브리쉬'를 조심스럽게 사용한다. '효과적인' 말하기는 다소 빠르고 금속성이며, 중반의 '심사숙고하는' 말하기는 느리고 음색이 풍부하다. 마지막은 보통 단호하고 분명한 소리로 끝낸다.

효과적인 A, 심사숙고하는 B

A : 그만해! 더 이상 하지 마! 제발 그만두라고! 이제 됐어, 충분해! 경고하는데, 한 번만 더 사람들을 꼬드겨서 내 판단에 맞서게 하면 널 가만 두지 않을 거야. 두고 봐. 그리고 이제 그만해!

B : 아, 제발, 그게 무슨 태도야. 잠시 생각을 해보자. 곰곰이 생각

을 해보자고. 시간은 우리 편이야. 아직 논의해볼 여지가 있어. 나는 설득하고 싶은 게 아냐. 다시 생각해보니까, 나는 이 상황을 다양한 측면에서 보려고 하는 거야. 모든 가능성을 보려고 하는 거라고.

A : 아니 하지 마! 지금 그게 필요한 게 아냐! 너는 이 상황을 명확하고 확실하게 파악해야 해. 그리고 당장 결정을 내려야 한다고. 그게 적극적으로 삶을 사는 태도야. 파스를 뗄 때는 한 번에 확 떼야지, 머뭇거리면 더 아파.

B : 아냐, 아냐. 네가 파스에 빗대서 얘기하고 싶다면, 너는 파스를 조심스럽게 떼야 한다니까. 어떻게 해야 아프지 않을까. 이것저 것, 좋은 점과 나쁜 점, 모든 것을 고려해서….

A : 그렇게 둘러서 갈 시간 없어. 상황을 확실히 파악하고 결정을….

B : 너는 내가 하는 말을 들으려고 하지도 않….

A : 넌 너무 느려!

B : 넌 너무 성급해. 너는 생각을 창조하는 게 아니라 생각을 포탄처럼 퍼붓고 있어. 불도저처럼 밀어붙인다고. 너는 제안을 하는 게 아니라, 인생에 네 이름표만 붙이려 하고 있어. 그런 태도는 어떨 땐 생각 없고 경솔해 보여.

A : 넌 언제나 생각만 하지 아무런 행동도 하지 않아. 너한테 질렸어!

B : 난, 너 때문에 정말 겁이나.

공감, 반감 이 연습은 보통 결투나 시합에서 진 사람이 죽는 장면으로 시작한다. 사람들이 주변으로 모여들어 어찌할 바를 모르고 있다.

그러다가 죽은 남자의 친인척 또는 형제, 자매가 멀리서 다가온다. 사람들이 달려 나가 가까이 오지 못하게 막지만, 무슨 일이 생겼음을 직감하고 막아서는 사람들을 한 사람씩 힘껏 밀어낸다. 이때 주변 배우들이 현실보다 더 쉽게 넘어지고 밀려나 주는 게 좋다. 그러면 밀치며 들어오는 배우는 거부와 반감의 힘이 작용하는 것을 더 분명하게 느낄 수 있다.

죽은 형제 앞에 이르면 즉시 태도를 바꿔 깊은 공감을 표현한다. 사람들은 그가 죽은 이를 바라볼 때 수동적인 공감의 원을 만들어 주변에 둘러선다. 그런 다음 천천히 흩어진다.

이 장면에서도 말이나 지브리쉬를 넣어 제스처 속에 소리 표현을 추가할 수 있다.

공감 A, 반감 B

A : 와, 정말 아름다운 그림이다!

B : 허접쓰레기야!

A : 온갖 색깔들이 섬세하게 마술을 부려 내 눈 앞에 꿈의 세계가 펼쳐지고 있어.

B : 애들 색칠 놀이도 아니고. 이런 건 여기 걸려서는 안 되는 거지.

A : 봐봐, 전원 풍경이 정말 사랑스럽게 묘사되어 있잖아.

B : 감상적 리얼리즘이야. 묘사라면 사진이 훨씬 낫지. 난 사진은 좋아하지 않지만.

A : 하지만 어린 시절의 추억, 평화롭고 고요한 시절들을 생각나게 하잖아.

B : 이런 불쌍한 녀석아. 너한테는 비평적 자질이라곤 눈곱만큼도 없는 것 같다. 너는 그렇게 물러 터져서 어떻게 판단을 하니.

A : 난 너의 확실한 태도를 존경해. 근데 너는 너한테 오는 걸 다 밀어내기만 하니까 그렇게 확신할 수 있는 거 아닌가 하는 생각이 들기도 해.

B : 말도 안 되는 소리. 난 다른 사람 말도 잘 받아 들여.

A : 네가 어떤 느낌인지 이해해.

B : 아니. 넌 이해 못해. 잘 가.

A : 네가 이렇게 가버리는 건 슬프다.

장애물 뚫고 나가기　이 연습은 연습13(p.119)에서 소개한 '트랙터 마임'과 유사하다. 우리는 긴장감을 느끼며 머뭇머뭇 다가간다. 문제 의식을 갖고 있기 때문이다.

예를 들어 의자처럼 쉽게 구할 수 있는 사물을 이용해서 스톤헨지 같은 구조물을 만든다. 배우들은 구조물에 다가가 그 신비를 파헤치려는 듯 꼼꼼히 살펴본다. 가끔씩 박물관에서 이집트 동상 앞에 서서 놀랍고 신기한 눈으로, 그러면서도 내면에서 그런 건축물을 만든 이유를 파악하려 노력하는 관람객에게서 이 '장애물을 뚫고 전진하는' 제스처를 볼 수 있다. 이 장면을 궁금증이 완전히 해소되지 않은 상태로 끝낼 수도 있다. 그럴 때 배우는 그 고독한 사물을 이해하고 싶은 열망으로 자꾸 뒤를 돌아보면서 머뭇머뭇 발걸음을 옮긴다.

판도라의 상자 이야기로도 연습해볼 수 있다. 부모가 왕궁을 떠나자 여자는 금지된 상자를 열어보기로 결심한다. 상자가 있는 방으로 들어가 가까이 다가간다. 신비로운 목소리가 어서 열어보라고 속삭이는 것 같다. 망설임, 죄의식, 들킬까 두려운 마음이 거세게 타오르는 호기심과 뒤섞이며 이 제스처의 내적 긴장을 창조한다.

이 장면을 연기할 때 상자 가까이 다가가면서 떠오르는 생각들을 작게 속삭이면 자연스럽게 제스처가 말로 넘어간다.

자기 영역으로 물러나기 아라비아 시장에 있는 관광객을 연기하면서 이 제스처를 경험해보자. 한 사람은 관광객을 맡고 나머지 배우들은 상인을 맡는다. 관광객이 나타나자 상인들은 앞 다투어 달려와 밀치고 잡아당기면서 큰 목소리로 물건을 팔고 호객을 한다. 관광객 역할을 맡은 배우가 위협을 느낄 정도로 큰 목소리와 강한 동작으로 연기한다. 하지만 관광객은 단호한 말과 제스처로 상인들의 제안을 침착하게 물리치며 그 사이를 뚫고 지나가야 한다. 결국 상인들은 관광객의 강한 내면에 굴복하고 물러난다.

나아가는 A, 물러나는 B

A : 우리가 다시 화해할 수 있는 방법이 없을까?

B : 없어. 만약 있다면 이 세상에 질문이라는 건 필요 없겠지.

A : 우리 관계가 끝난다는 걸 상상할 수 없어.

B : 상상이 돼. 그리고 분명히 그렇게 될 거야.

A : 오해를 풀 수 있는 방법을 한 번만 더 찾아보자.

B : 날 내버려둬.

A : 진심이야.

B : 나도 진심이야.

A : 나는 이 상황을 빠져나가려고 노력하고 있어.

B : 빠져나갈 방법은 없어.

A : 바보 같아.

B : 내 말이.

A : 쉬운 일이야.

B : 이 세상에 쉬운 일은 없어.

A : 넌 정말 도움이 안 돼.

B : 맞아.

A : 그럼 난 가겠어.

B : (조용히 남아 있다)

8 리듬 감각과 역동적 말하기

6보격 리듬

연기에서 심장 박동에 해당하는 부분은 무엇일까? 모든 사람은 자신만의 리듬 체계가 있다. 그것은 심장 박동과 호흡의 리듬이다. 신체적 리듬 감각이 연기에서 적절한 순간과 적절한 비유를 찾아내는 감각을 인도한다. 고대 이야기꾼과 서사 시인, 음유시인 들은 6보격hexameter이라 부르는 음률에 이야기를 담았다. 6보격 리듬에는 심장 박동과 호흡의 성숙한 비율, 즉 1대 4의 비율이 반영되어 있다고 믿었다. 발터 요하네스 슈타인Walter Johannes Stein은 저서 『노동Labour』에서 이 이론을 다음과 같이 설명했다.

우리는 보통 1분 동안 18번의 호흡을 하고 그동안 심장은 72번 뛴다. 다시 말해 한 번 들이쉬고 내쉬는 동안 심장이 4번 뛴다는 것이다. 1:4의 관계는 우주적 의미를 갖는다. 우리는 하루에 25,920번의 호흡을 하고, 이 숫자의 4배인 103,681번 심장이 뛴다. 이는 하늘의 숫자다. 왜냐하면 춘분점의 세차 운동[18] 하는 리듬과 달이 공전 중에 지구에서 가장 멀리 떨어지는 지점과 가장 가까운 지점 모두 이 숫자와 일치하기 때문이다.

과거에는 일을 할 때 자연스럽게 노동요가 함께 했다. 노래는 운율적 말하기의 리듬에서 기인한다. 하지만 루돌프 슈타이너가 밝힌 것처럼 시는 혈액과 호흡의 리듬에서 기인한다. 예를 들어 그리스에서 6보격의 기반은 1:4의 리듬이다. 6보격은 한 줄의 중간과 다음 줄의 끝에서 잠시 쉰다. 쉬는 부분까지 포함하면 6보격은 여섯 발자국이 아닌 여덟 발자국으로 이루어져 있음을 분명히 볼 수 있다. 네 발자국씩 두 번이 모여 6보격을 이룬다. 이것은 두 번의 들숨 날숨과 2×4 번의 심장박동 수에 상응한다. 따라서 고대 시의 운율은 혈액과 호흡 간의 조화로운 관계에서 나왔음을 알 수 있다.

6보격 시를 규칙적으로 낭송하고, 가끔씩 그 리듬에 따라 걷는 연습을 하면 배우의 내적 결단력과 리듬감이 아주 섬세하게 훈련될 것이다. 6보격은 11장(p.250)에서 다시 다룰 것이다.

---

[18] 세차 운동_천구 상에서 천구의 적도와 황도가 만나는 두 교점交點이 황도를 따라 2만 5800년을 주기로 천천히 서쪽으로 이동하는 현상을 말한다.

Speech is a gift to mankind, / and by speech is community founded. /
Man is companion to man / by the sharing of joy and disaster. /
Who has not known of anxiety / lightened by nearness of friendship? /
Who has not known glad days / brightened by sharing of pleasure? /
How many wonderful deeds, / the result of man's council together, /
Live in the songs of the bards, / whose words are the cradle of history? /
Poets inspire us with beauty, / in sound, form, colour and image, /
Winging words to the ears, / to the hearts of the one that can love them. /
Speak then the speech of mankind, / and give glory to God and his angels /

Barbara Bridgmont

말하기는 인류에게 주어진 선물 / 말하기를 통해 인간 공동체가 형성되었다. /
인간은 인간의 동반자 / 서로의 기쁨과 재앙을 함께 나누는 관계/
우정이 가까이 다가오면 걱정이 한결 가벼워지는 것을/ 모르는 이 있는가. /
기쁨을 함께 나눌 때 환희의 날이 더욱 밝아지는 것을/ 모르는 이 있는가. /
얼마나 많은 멋진 일이 있었는가. / 사람들이 함께 힘을 모은 결과, /
시인들의 노래 안에서 살라 / 시인들의 말은 역사의 요람이다. /
시인들은 우리에게 아름다운 영감을 준다. / 소리, 형태, 색깔, 심상으로/
언어는 날개를 달고 / 그것을 사랑할 줄 아는 자들의 귀와 심장으로 날아간다. /
그러니 인간의 언어를 말하라 / 그리고 하느님과 그 분의 천사들의 영광을 찬미하라. /

바바라 브리몬트

말하기와 제스처 속 힘의 변화

가끔씩 타고난 리듬 감각을 다시 일깨워줄 필요가 있다. 이럴 때 유용하게 쓰는 연습이 있다.

둥글게 원을 만들어 선다. 한 사람이 원 안에 들어가 춤을 추면서 발을 구르고 손뼉을 치기 시작한다. 그러다가 다른 사람에게 리듬을 보낸다. 두 번째 사람은 앞서의 리듬을 받아오되, 똑같이 이어갈 수도 원하는 대로 변형시킬 수도 있다. 하나의 리듬 패턴이 형성되면 일종의 대화처럼 다른 사람에게 넘겨준다. 모두가 자기 리듬을 만들 때까지 돌아간다. 한 바퀴를 돌고 나면 다시 처음부터 돌아간다. 이번엔 발 구르기와 손뼉 치기를 최소한으로 줄이고 침묵 속에서 리듬만 남아있게 한다. 세 번째 반복할 때는 발 구르기와 손뼉 치기를 전혀 하지 않고, 오직 침묵의 동작만으로 대화를 이어간다. 이제 두 사람씩 짝을 짓는다. 대화하듯 한 사람씩 동작을 한다. 동작을 주고받으면서 일종의 춤의 대화를 한다. 다음 단계는 촌극이나 즉흥극 또는 아래 대화를 읽으면서 지금까지 익힌 힘의 역동을 말하기 속에 불어넣는 것이다.

{연습16}

A : 안녕, 미안해, 늦어서 정말 미안해. 차가 밀렸어.

B : 변명 따위는 듣고 싶지도 않아, 너는 늦었고, 나는 여기서 15분 넘게 기다렸어.

A : 야, 내가 사과했잖아, 아냐? 내가 미안하다고 말했지….

B : 그 걸로는 충분하지 않지. 네가 미안하다고 말한다고 해서 여기서 15분이나 기다렸다는 사실은 없어지지 않아.

A : 음, 제발 잊어버리고 용서해줘. 우리 저녁 계획이나 짜자.

B : 벌써 기분 잡쳤어.

A : 말도 안 돼!

B : 말도 안 되지 않아. 그냥 유쾌하게 넘어갈 수 있을 거라고 생각하지 마. 네가….

A : 정말 어이가 없다! 너는 항상 일이 조금만 잘못돼도 이렇게 유치하게 물고 늘어져. 너 너무 강박적이지 않니?

B : 뭐라고! 어떻게 그렇게 잔인한 말을 할 수가 있어? 비열하고, 악의적이고 잔혹해.

A : 미안해, 미안해. 너를 화나게 할 생각은 아니었어. 알잖아, 내가 말이야 그냥 잘난 척한 거 같아. 그렇게 말하면 좀 똑똑해 보일까 싶었나봐.

B : 어떻게 강박이란 단어를 쓸 수가 있어! 어떻게 그런 식으로 말

할 수가 있어! 난 그런 사람 아니야, 아니라고. 난 절대 그런 적 없어….

A : 알았어, 알았어. 진정해. 내가 말한 건 제발 잊어버리고, 우리 저녁 계획이나 짜자.

B : 그래, 좋아. 항상 그저 잊어버리기를 바라는 거, 그게 너란 애구나. 네가 늦은 걸 잊어버리고, 네가 무례하게 행동하고 상처 준 걸 잊어버리고. 또 뭐를 잊어버렸니?

A : 너는 절대 잊어버리지 않아, 그건 확실해.

B : 난 잘 모르겠어, 정말 잘 모르겠어. 너 혹시 네 친구들이나, 네 적들, 네가 말했던 모든 것들, 네가 그동안 내뱉은 모든 끔찍한 일들, 상처 주고 잔인한 모든 일들을 기억할 엄두를 못내는 거 아니야?

A : 잠깐만, 잠깐만. 지금 저기 무슨 소리 들리지 않아?

B : 아니.

A : 나도 안 들려. 미안해, 이렇게 라도 해야 네 말이 멈출 것 같았어.

B : 아, 너 진짜 잔인하다.

A : 그래, 그래.

B : 그리고 넌 모자라.

A : 모자라?

B : 그래, 모자라. 이제야 널 제대로 볼 수 있네.

A : 난 모자라지 않아.

B : 아냐, 넌 모자라.

A : 너 다시 한 번 그 말 하면 나 가버린다. 떠날 거야.

B : 난 울지 않을 걸.

A : 난 모자라지 않아. 나는 절대 모자라지 않아. 나한테 모자라다고 말한 사람은 네가 처음이야. 진짜 처음이라고. 아무도 내가 모자라다고 한 적 없어, 아무도.

B : 말 다했어?

A : 응.

B : 이젠 우리 둘 다 상처받았구나. 미안해.

A : 미안하다는 말로는 부족해.

B : 그 정도는 충분하지 않니? 미안해.

A : 너 나한테 복수하는구나.

B : 응. 네가 늦었으니까.

A : 미안해, 근데 난 모자라지 않아.

B : 맞아. 미안해.

A : 난 늦었지만 모자라진 않아.

B : 맞아, 아니야. 넌 모자라지 않아.

A : 늦어서 미안해.

B : 모자라다고 해서 미안해.

A : 배고파.

B : 나도 배고파.

A : 그럼, 뭐 먹으러 가자.

B : 가자.

다음은 셰익스피어의 《맥베스》중 한 장면이다. 역동적인
말하기의 타이밍을 더 확실히 보여준다.

{연습17}

맥베스 부인 등장

맥베스 부인 : 그놈들을 취하게 만든 그 재료가 나를 대담케 한다.
　　　　　 그놈들을 꺼 버린 것이 내게 불을 지폈어. 잠깐, 무
　　　　　 슨 소리지!-
　　　　　 부엉이 비명 소리구나. 치명적인 야경꾼이로다,
　　　　　 가장 가혹한 작별 인사를 하는. 그가 실행 중이야.
　　　　　 문이 열려 있다, 그리고 배 터지게 마신 시종들은
　　　　　 코 고는 소리로 비웃는다, 자기들의 임무를.
　　　　　 약을 탄 우유 포도주를 마셨으니
　　　　　 죽음과 자연이 다투겠지,
　　　　　 그들이 죽을 것인지 살 것인지를 놓고.

(위에서) 맥베스 등장

맥베스 : 거기 누구냐? 뭐야? (퇴장)

맥베스 부인 : 이런, 사람들이 깬 거 아닐까,
일이 실행되지 않는 게 아닐까. 행위가 아니라 의도가
우리를 파멸시킨다면. 아냐!− 내가 그놈들 비수를
준비해 놨어.
그가 그걸 못 봤을 리 없지. 내 아버지의
잠든 모습을 닮지만 않았다면, 내가 해치웠을 거야.

(아래로) 맥베스 등장

여보!

맥베스 : 해치웠소. 무슨 소리 못 들었나?

맥베스 부인 : 부엉이 비명 소리와 귀뚜라미 울음소릴 들었어요. 당
신이 뭐라 안했어요?

맥베스 : 언제?

맥베스 부인 : 지금.

맥베스 : 내가 내려올 때?

맥베스 부인 : 네.

맥베스 : 쉿!− 두 번째 방에 누가 자나?

맥베스 부인 : 도널베인.

맥베스   : (자기 손을 쳐다보며) 딱한 꼴이로다.

맥베스 부인 : 바보 같은 생각 말아요, 딱한 꼴이라니.

맥베스   : 정말 한 놈이 잠꼬대로 웃대, 한 놈은 '살인이다!' 고
               함지르고,
               그래서 둘이 서로 깨우더라고. 내가 서서 귀를 기
               울였지.
               하지만 둘은 기도를 올린 다음 빠져 들던데,
               다시 잠 속으로.

맥베스 부인 : 둘이 함께 묵는 방이 있죠.

맥베스   : 하나는 '하나님 은총을 주소서' 외쳤고, 다른 하나는
               '아멘' 했어.
               마치 이 피비린 손의 나를 본 것처럼.
               그들의 두려움에 귀를 기울였지만 '아멘'을 할 수가
               없었어.
               그들은 정말 '하나님 은총을 주소서' 했는데.

맥베스 부인 : 너무 심각하게 생각할 것 없어요.

맥베스   : 하지만 왜 '아멘'을 발음하지 못한 거지?
               나야말로 은총이 아주 필요한 사람인데, '아멘'이
               목구멍에 달라붙는 거야.

맥베스 부인 : 이런 일들은 이런 식으로
               곰곰 생각할 게 아녜요. 그러면, 미쳐 버릴걸요.

맥베스   : 어떤 음성이 외치는 것 같았어, '더 이상 잠들지 마

라, 맥베스야말로 잠을 살해했나니'- 순진무구한 잠,
근심의 헝클어진 타래를 뜨개질해 주는 잠,
나날의 삶 각각의 죽음, 쓰라린 노동의 목욕,
상처 받은 마음의 진통제, 위대한 자연의 두 번째
코스,
삶의 축제 중 주요 자양분-

맥베스 부인 : 무슨 말을 하시는 거죠?

맥베스　　　 : 여전히 그게 외쳤어, '더이상 잠들지 마라'를 집 안 전
체에,
'글래미스는 잠을 살해했다, 그러므로 코더는 더 이상
잠들지 못할 것이다. 맥베스는 더 이상 잠들지 못해.'

맥베스 부인 : 누가 그렇게 외쳤단 말예요? 당신, 고매한 귀족께서,
정말 고매한 힘의 고삐를 늦추셨군요, 사태를 그토록
정신 나간 사람처럼 받아들이다니. 가서 물을 좀 가
져다가
이 더러운 증거를 씻어 내세요, 당신 손에서.
비수는 왜 가져왔어요, 거기서?
거기 뒀어야죠. 가요, 가져가세요, 그리고 피칠하세요,
잠든 그 시종들을 피 칠갑하세요.

맥베스　　　 : 더는 안 갈 거야.
한 짓을 생각하는 것조차 겁나는데,
그걸 다시 보다니 난 못 해.

맥베스 부인 : 그렇게 의지가 박약해서야!

비수를 내게 주세요. 잠든 자와 죽은 자들은
그림에 불과해요. 어린애 눈이나
악마의 그림을 보고 놀라는 거죠. 그가 피를 철철
흘리면,
내가 그걸로 시종들 얼굴에 금박을 입히죠,
그들 짓인 것처럼 보여야 하니까. (퇴장)

(안에서 노크소리)

맥베스　　　: 어디서 나는 노크 소리지?—
어떻게 된 거야, 모든 소리에 질겁을 하다니?
내 손이 왜 이 모양이야! 하, 두 손이 뽑아내는구나,
내 두 눈을.
거대한 넵튠의 온갖 대양이라면 씻어 낼 수 있을까,
이 피를
내 손에서 깨끗이? 아닐걸, 이 손이 오히려
광대한 바다를 물들일 거다, 붉게,
푸른색을 온통 붉게.

맥베스 부인 등장

맥베스 부인 : 내 손도 당신과 같은 색이죠, 그러나 수치스러워요,
당신처럼 하얗게 질린 심장은.

(안에서 노크 소리)

문을 두드리네요,
남쪽 입구에서. 우린 방으로 들죠.

약간의 물이면 이 행위를 씻어 낼 수 있어요.
그러니 얼마나 쉬워요! 당신의 결단력이
당신을 버렸어요.

(안에서 노크 소리)

봐요, 또 두드리네.
잠옷을 입으세요, 혹시라도
눈에 띄면 날밤 샌 걸로 보일 테니까. 그렇게 형편
없이
상념에 허둥대지 말고요.

맥베스 : 내 행위를 내가 아느니 차라리 내 자신을 모르는 게
최선이라.

(안에서 노크 소리)

깨워라 덩컨을, 너의 노크 소리로. 네가 그럴 수 있
었으면 좋겠구나.

<u>모두 퇴장</u>

《맥베스》 2막 2장, p.40~44

말과 행동으로 레슬링 하기

잘 알다시피 레슬링은 그리스 5종 경기의 한 종목이다. 레슬

링을 하면서 우리는 제스처의 감각을 신체 경계 너머까지 확장할 수 있다. 레슬링 하듯 힘겨루기를 하다가, 펄쩍 뛰어 뒤로 물러나고, 다시 달려 나와 힘겨루기를 한다. 무대 공간을 사이에 두고 제스처로 대화를 주고받으며 점점 멀어졌다가 가까워지기를 반복한다. 상대를 움켜잡으면서 실제 공연에서는 이렇게 신체가 닿지 않더라도 정신적으로 한 몸이어야 한다는 사실을 새삼 깨닫는다. 다음 단계에서는 레슬링 동작을 말하기의 역동 속으로 가져온다. 다음은 이 연습을 위한 짧은 대화이다. 이후에는 셰익스피어의 《리처드 3세》 1막 2장을 같은 맥락으로 연습한다.

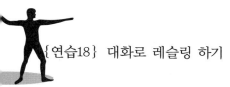

{연습18} 대화로 레슬링 하기

A : 내 말대로 하는 게 어때?

B : 그렇게 할 이유가 없는 것 같아서.

A : 잘 생각해보면 이유는 충분하고도 넘쳐.

B : 뭐 하러 잘 생각해봐? 그냥 그대로 내버려두는 게 더 나을 거 같은데.

A : 아니라고! 너 때문에 가끔씩 미칠 거 같아!

B : 내가 너를 미치게 한다고! 어떨 땐 왜 내가 너랑 이런 대화를 나

누고 있는지 모르겠어.

A : 좋아, 좋아. 다시 시작해보자고. 내가 그 남자한테 편지를 써서 설명하지 않는다면, 그 사람은 절대 이해하지 못할 거야.

B : 그 남자가 왜 꼭 이해를 해야 해? 그럴 필요 없어. 그 사람이 무슨 생각을 하든 상관없어.

A : 상관있어!

B : 아냐. 그 사람이 어떻게 생각하든지 상황은 바뀌지 않잖아.

A : 맞아, 하지만 우리가 어떻게 그런 결론이 났는지는 알려주는 게 기본 예의잖아.

B : 그래서 네가 하고 싶은 말의 핵심이 뭐야!

A : 그런 건 신경쓰지 말고, 그냥 편지나 쓰자.

B : 좋아. 그렇게 할 일이 없으면, 써. 아무렴 어때.

A : 나는 할 일이 아주아주 많지만 곤란한 상황을 도와주려고 노력하는 거라고.

B : 네가 상황을 그렇게 만든 거잖아.

A : 아니야!

B : 맞아!

　(침묵)

A : 내가 편지 쓸 거야.

B : 아니야, 내가 쓸 거야.

A : 너는 모욕이나 줄 게 뻔해.

B : 아냐, 안 그럴게. 공손하게 쓸 거라고.

A : 약속해!

B : 좋아.

A : 합의 보는 거다.

B : 그러자고.

(그들은 악수를 한다.)

{연습19}

리처드 글로스터 : 부인, 부인은 모르시는 군요 자비의 법칙을, 나쁜 걸 좋게 보고, 저주 대신 축복을 내리는 게 그건데.

앤 부인   : 악당아, 넌 하나님의 법도 사람의 법도 모르는 놈이야.
아무리 사나운 짐승도 약간의 자비심은 있는 법 이거늘.

리처드 글로스터 : 난 둘 다 모르거든, 그러니 난 짐승이 아니지.

앤 부인   : 오 멋지구나, 악마가 악마라고 실토를 했도다!

리처드 글로스터 : 더 멋지지, 천사가 그토록 화를 내시다니.

허락해 주신다면, 거룩한 완벽의 여인,

나는 내가 받고 있는 혐의를 직접

자세한 경위 설명으로 벗고자 할 뿐이오.

앤 부인 : 허락해 준다면, 전염병 덩어리 인간아,

나는 알려진 악행에 대해 직접

자세한 설명으로 저주할 뿐이야 저주받은 네 자

아를.

리처드 글로스터 : 형언 이상으로 아름다운 이여. 잠깐만

꾹 참고, 내 해명을 들어 주시오.

앤 부인 : 마음의 상상 이상으로 비열한 자, 네가 할 수 있

는 해명은

네 스스로 네놈 목을 매는 것만 효력이 있을 것

이다.

리처드 글로스터 : 그런 절망은 내 죄를 인정하는 꼴이 되지.

앤 부인 : 그런 절망적인 행동으로 네가 사죄하는 꼴이 되지,

네 자신한테 훌륭한 복수를 하는 거니까

다른 사람을 무가치하게 도살한 네 자신한테 말

이다.

리처드 글로스터 : 난 그들을 죽인 적이 없다구.

앤 부인 : 그렇담 그들은 죽은 적이 없어야겠지.

하지만 그들은 죽었어—죽인 자는, 악마 같은 놈,

바로 너고.

리처드 글로스터 : 난 당신 남편을 죽이지 않았다.

앤 부인   : 어머나, 그렇다면 그분이 살아 계시겠네.

리처드 글로스터 : 아니 죽었지, 죽인 것은 에드워드고.

앤 부인   : 비열한 목구멍으로 거짓말 마라. 마가릿 왕비가
                보셨느라
                네놈의 살인 흉기 언월도가 그의 피로 김을 뿜
                는 것을,
                그걸로 네 놈이 그분 가슴을 겨누기도 했으나,
                네 형제들이 칼끝을 치우게 했다 하시더라.

리처드 글로스터 : 그년이 하도 욕을 해싸서 욱한 거지,
                그들이 저지른 죄를 죄 없는 내 어깨에 지우려
                들면서 말야.

앤 부인   : 피에 굶주린 네놈 기질이 욱한 거지,
                도살 말고는 생각해 본 게 없으니 말이다.
                네놈이 죽이지 않았다고 이 국왕을?

리처드 글로스터 : 그랬다고 보아도 좋소.

앤 부인   : 좋아, 고슴도치? 그렇다면 하나님도, 내게, 좋다
                하실 게다,
                그 사악한 짓을 저지른 네놈을 저주하여도.
                오 그는 고결하고, 온화하고, 덕망 높은 분이셨어.

리처드 글로스터 : 그러니 천국의 왕께서 더 흡족해 하실 밖에.

앤 부인	: 그분은 하늘나라 계시고, 네놈은 결코 그리 못 가지.
리처드 글로스터	: 그가 내게 고마워해야지 그리로 보내 준 것을, 그는 지상보다 그곳에 더 어울렸거든.
앤 부인	: 네놈한테 어울리는 곳은 지옥 밖에 없고.
리처드 글로스터	: 그래, 아니 한 군데 더 있지, 알고 싶다면.
앤 부인	: 지하 감옥 같은 데겠지.
리처드 글로스터	: 그대의 침실이오.

《리처드 3세》 1막 2장 중에서, p.19~21

끌어당기기, 밀어내기

신체 경계를 넘어 존재하는데 익숙해지기 위한 연습으로 끌어당기는 힘에 대해 생각해보자. 욕망은 자석처럼 우리를 끌어당긴다. 마치 외부의 힘이 우리를 조종하는 것 같다. 반대로 거부당할 때는 밀려나는 것 같은 느낌을 받는다. 우리는 실제 상이든 상상의 상이든 뇌리에 박혀 떠나지 않는 상이 있으면 어떻게든 털어버리려 기를 쓴다. 만나고 싶은 사람이 거리를 걸어가는 것을 우연히 보았을 때 그의 걸음걸이나 말투는 우리 시선을 끌어당긴다. 마주치기 싫은 사람을 만났을 때는 정반대 상황이 일어난다. 그들의 상은 우리를 밀어낸다.

끌어당기기와 밀어내기 게임에서는 우리가 사원에 몰래 잠입하려는 도둑이라고 상상한다. 건물 끝에는 보석을 들고 있는 조각상이 있다. 가까워질수록 사원과 조각상에 대한 두려움을 느끼지만 탐욕에 이끌려 계속 다가간다. 그러면서도 틀림없이 그곳에 도사리고 있는 신비롭고 위험한 힘 때문에 밀려난다.

보석이 당기는 힘에 끌려가는 느낌과 보이지 않는 위협 때문에 밀려나는 느낌은 우리가 사실 얼마나 신체 경계 밖에서 살아가는지를 보여준다. 물론 일상에서는 이런 사실을 잘 자각하지 못한다. 하지만 연기의 본질은 우리가 바깥의 끌어당기고 밀어내는 세계 속에 사는 데 있다. 보이지 않는 힘이나 움직임이라고 말은 하지만 관객들도 그 힘을 차츰 느낀다.

말하기에 깃든 힘을 느끼는 연습으로 밀어내기와 끌어당기기 특성을 잘 보여주는 짧은 장면을 소개한다. 이어서 《로미오와 줄리엣》의 한 장면으로 같은 맥락의 연습을 한다.

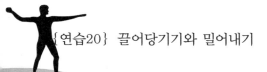

{연습20} 끌어당기기와 밀어내기

A : (책상에서 무언가를 찾는다)

B : (들어온다) 이걸 찾는 거야? (브로치를 내민다)

A : 아, 맞아. 그걸 왜 네가 갖고 있지?

B : 음, 이건 원래 내가 너한테 준 거잖아. 그러니까 어떤 의미에선 내 것이기도 하지.

A : 정말 기가 막힌 생각이구나. 넌 항상 남한테 준 선물을 네 것이라고 생각해왔니?

B : 제발, 싸우지 말자.

A : 사실 너한테 돌려주려고 브로치를 찾고 있던 거야.

B : 내가 먼저 가져왔으니까 참 다행이네. 나한테 돌려주려는 수고를 덜어준 거잖아.

A : 맞아. 그러니까 고마워 죽겠네.

B : 너, 이 브로치의 가치는 당연히 알고 있겠지?

A : 얼마나 비싼지를 얘기하고 싶은 거니?

B : 너 이거 얼만지 알아?

A : 아니, 알고 싶지도 않아. 왜냐면 이제 그건 나한테 아무런 가치가 없거든.

B : 네가 이 브로치가 얼만지 안다면, 그게 얼마나 엄청난 선물이었

는지를 알게 될 거야.

A : 그렇다하더라도 그 선물에 대한 대가가 너무 비싸. 넌 브로치로 날 지배하려 들어. 날 통제하고, 마치 내 인생이 네 것인 것처럼 좌지우지하려 든단 말야. 브로치로 인한 대가가 너무 과해.

B : 네 말을 듣고 있자니, 브로치에 비해 그걸 받은 사람 수준이 못 미치는 것 같다.

A : 말… 말…. 우리한테 이제 말 밖에 안 남았어. 말은 아무 힘이 없어. 이렇게 말과 선물을 주고받는 게 끝나서 얼마나 다행인지 몰라. 난 이제 홀가분하게 갈 수 있어.

B : 우리가 무슨 선물을 주고받았다는 거야? 난 너한테 받은 게 없는데.

A : 너와 내가 함께했던 시간들이 너한테는 아무것도 아니겠지만, 나한테는 그것이 선물이었어. 한때 난 이 선물을 기쁘게 주었지만, 상대방이 그냥 받기만 할 때는 그건 선물이라고 볼 수 없지. 이제 내 영혼을 돌려줬으면 좋겠어. 미안하지만 일어날게.

B : 네 그 이기심, 탐욕, 나를 깔보는 태도에 대해서 난 아직 할 말이 더 많아.

A : 부탁이니 나 지나가게 비켜줘.

B : 안 돼. 그리고 이 브로치는 내가 가질 거야….

A : 그렇게….

B : 이건 네 그 값싼 영혼보다 나한테 훨씬 더 가치 있는 거야.

A : 그걸 가지고, 난 보내줘.

B : 이 브로치는 가격도 엄청나지만 정말 아름다워. 이건 절대 사라지지 않아. 이건 주인한테 절대적으로 충실하고 진실하지, 절대 변하지 않아⋯⋯.

A : 딱딱하고, 생명도 없는 탄소일 뿐이야. 이제 가게 내버려둬!

B : 좋아, 널 막진 않을 거야. 네 양심에 맡기겠어.

A : (브로치를 가로채며) 하지만 가져갈 거야.

　(A가 나간다)

{연습21}

　(유모 두 손을 쥐어짜는 자세로 등장. 줄사다리를 조끼에 걸쳤다)

줄리엣 : 오, 저기 유모가 온다,

　　　　소식도 갖고 오겠지, 그리고 로미오라는

　　　　이름만 나와도 하는 말마다 천상의 언어 같겠지.

　　　　어서, 유모, 어떻게 됐어? 아니, 몸에 걸친

　　　　그 줄사다리는 로미오가 가져가라 한 거야?

유　모 : (줄사다리를 내려놓으며) 예, 예, 노끈이죠.

줄리엣 : 그런 불길한 소릴, 무슨 소식이야? 왜 그렇게 손을 쥐어짜?

유　모 : 아, 맙소사! 그는 죽었어요, 죽었어, 죽었다구요!

다 끝났어요, 아가씨, 우린 끝장이에요.

어찌 이런 날이, 그는 사라졌어요, 살해당했어, 죽었다구요!

줄리엣 : 하늘이 어찌 그리 잔인할 수가.

유 모 : 로미오가 그런 거죠,

하늘은 그럴 수 없어요. 오, 로미오, 로미오.

그게 로미올 거라고 누가 상상이나 했겠어요?

줄리엣 : 무슨 악마 짓이야, 날 이렇게 괴롭히다니?

이건 음침한 지옥에서나 고함지를 고문이라구.

로미오가 자살을 했다구? '네'라는 그 한마디,

그 'ㄴ'발음만으로도 '내'가 독살당하게 되는 거야,

죽음을 쏘아 대는 닭뱀 눈초리를 맞는 것보다 더 치명적으로 말야.

'네'라는 대답이면 난 나도 아니지,

아니면 유모의 '네' 대답을 만든 그 두 눈이 눈뜬장님이거나.

그가 살해당한거면, '네', 아니면, '아니오'.

그 짧은 음절로 결정되는 거야, 나의 불행이.

유 모 : 상처를 봤다구요, 두 눈으로 똑똑히,

어이구 끔찍도 하지, 그의 듬직한 가슴 여기에―

처참한 시체였어, 피투성이, 처참한 시체―

창백하구, 재처럼 창백한데, 온통 피 칠갑이에요,

한데 엉킨 피 칠갑, 난 보자마자 기절을 했다니까요.

줄리엣 : 오, 산산이 부서져라, 내 가슴, 불쌍한 파산자, 지금 당장
　　　　부서져 다오!
　　　　감옥에 갈 파산자 신세로다, 두 눈이여, 다시는 자유를 보
　　　　지 말라.
　　　　사악한 흙의 육신이여, 흙으로 돌아가라, 이제 감정을 멈
　　　　추고,
　　　　로미오와 함께 무거운 관 같이 지리라!

유　모 : 오 티볼트, 티볼트, 가장 훌륭한 나의 벗!
　　　　오 예의 바른 티볼트, 명예를 아는 신사분,
　　　　내가 살아서 그가 죽은 것을 보다니!

줄리엣 : 이런 모진 태풍이 또 어디 있을까?
　　　　로미오는 살해되고, 티볼트는 죽었다고?
　　　　그리도 소중한 내 사촌 오빠도, 더 소중한 내 주인도 죽
　　　　었다구?
　　　　그렇담, 두려운 나팔이여, 최후의 심판을 알려라,
　　　　두 사람이 죽었다면 누가 살아 있다고 할 것인가?

유　모 : 티볼트는 죽고 로미오는 추방되었어요.
　　　　로미오가 그를 죽였고 – 추방되었죠.

줄리엣 : 오 하나님, 로미오의 손이 티볼트의 피를 흘리게 했단 말야?

유　모 : 그랬다니까요, 그랬어요, 아 이런 일이, 그랬어요.

줄리엣 : 오 온화한 얼굴이 뱀의 가슴을 숨기고 있었구나!
　　　　어느 사악한 용이 그토록 아름다운 동굴을 지켜봤겠어?
　　　　아름다운 폭군, 천사 같은 원수로다!

비둘기 깃털의 까마귀, 늑대처럼 게걸스러운 어린 양이라!
가장 거룩한 겉모습의 가장 야비한 속내!
정확한 겉모습과 정반대―
저주받은 성자, 명예로운 악당.
오 자연이여, 지옥에서 도대체 무슨 짓을 한 거냐,
이리도 달콤한 육신의 천국에
원수의 영혼을 들여놓다니?
이리도 사악한 내용이 담긴 책의
장정이 이리도 아름다운 적이 있었던가? 오, 이런 기만이
이리도 으리으리한 궁궐에 살다니!

유 모 : 사내란 신의도, 믿음도, 정직도 없는 것들이죠,
하나같이 위증을 일삼고, 하나같이 거짓 맹세를 하고, 하
나같이 사악하고, 모두 위선자들인걸요.
아, 내 하인 어딨지? 브랜디 한잔 해야겠네.
이런 불행한 일들, 이런 비탄, 이런 슬픔들 때문에 내가
늙지.
로미오에게 치욕을!

줄리엣 : 그렇게 기도하는 유모의 혓바닥에
물집을! 그이는 태생이 치욕과 멀다구.
치욕은 그이 이마 위에 앉지를 못해, 스스로 수치스럽거든,
그이 이마는 명예가 왕관을 쓰고
유일한 군왕으로 대지 전체를 다스릴 옥좌니까.
오, 난 짐승이야, 그이를 탓하다니!

유　모 : 사촌 오빠 죽인 사람을 아가씨는 칭찬할 셈이세요?

줄리엣 : 내 남편인 사람을 내가 욕해야 할까?

　　　　아, 불쌍한 내 님, 어느 혀가 당신 이름을 바로 잡겠어요,

　　　　내가, 당신 아내 된 지 세 시간도 안 지나, 당신 이름을 망

　　　　가트렸는데?

　　　　근데 어째서, 못된 사람, 당신은 제 사촌 오빠를 죽인 거예요?

　　　　그 악당 사촌 오빠가 내 남편을 죽이려 들었을 거야.

　　　　돌아가, 멍청한 눈물 같으니, 네가 원래 샘솟던 곳으로 돌

　　　　아가!

　　　　흐르는 너 눈물방울은 비탄에 바쳐지는 것인데,

　　　　뭣도 모르고 기쁨에 바쳐지고 있잖니.

　　　　내 남편은 살아 있어, 티볼트가 죽이려 했던 그이가,

　　　　그리고 티볼트는 죽었어. 내 남편을 죽이려 했던 그가.

　　　　이 모든 것은 다행이지. 그런데 내가 울다니?

　　　　몇 마디 말이, 티볼트의 죽음보다 더 치명적으로,

　　　　날 죽였지. 그 말을 잊을 수 있다면 얼마나 좋을까,

　　　　하지만 오, 그 말이 내 기억을 짓누르네,

　　　　저주받은 범죄 행위가 범죄자의 마음을 짓누르듯!

　　　　'티볼트는 죽었고, 로미오는 추방되었다.'

　　　　그 '추방되었다'는 말, '추방'이라는 한 단어가,

　　　　티볼트의 만 번 죽음처럼 날 죽여 버렸어. 티볼트의 죽음

　　　　그것만으로도 비탄은 충분하지, 거기서 끝났더라도.

　　　　아니면, 마음이 비뚤어진 비탄이 길동무에 맛 들려

　　　　그에 다른 슬픔까지 따라오게 할 것이라면,

왜 따라오지 않은 거지, 유모의 '티볼트는 죽었다' 뒤를,
'아가씨 아버님도', 혹은 '아가씨의 어머님도', 아냐 '두 분 모
두도', 그런 식으로,
그랬다면 통상의 애도를 불러일으켰을 텐데?
티볼트의 죽음 뒤로 따라붙은 말이 하필이면,
'로미오는 추방되었다'라니 – 그 말은
아버님, 어머님, 티볼트, 로미오, 줄리엣,
모두 죽이는 거야, 모두 죽은 거지. '로미오는 추방되었다'–
끝도, 한계도, 정도도, 경계도 없어,
그 말의 죽음 속에는, 어떤 말도 그 비탄 형용할 수 없어.
아버님 어머님은 어디 계시지, 유모?

유　모 : 티볼트 시신을 두고 울고불고하고 계시죠.
　　　　그리로 가시겠어요? 제가 모셔다드리죠.

줄리엣 : 두 분 다 눈물로 오빠 상처를 씻고 계시는걸. 내 눈물은
　　　　두 분 눈물이 마른 다음에 흘릴 거야. 추방된 로미오를
　　　　위해.
　　　　줄사다리나 들어 줘. 불쌍한 노끈, 속았구나,
　　　　너와 나 모두, 로미오가 추방되었으니.
　　　　그이는 널 내 침실로 향하는 탄탄대로로 만들었건만,
　　　　난, 처녀이니 처녀 과부로 죽겠구나.
　　　　가자, 끈들아, 가요, 유모, 난 내 결혼 침대로 갈 거야,
　　　　그리고 죽음이, 로미오가 아니라, 내 처녀를 앗아가겠지!

유　모 : (줄사다리를 집어 들며) 어서 아가씨 방으로 가세요. 제가

로미오를 찾아 아가씨를 위로케 할 테니. 어디 있을지 뻔
하거든.

잘 들어요, 아가씨의 로미오님이 밤에 이리 올 거예요.

제가 가 볼게요. 로렌스 수사님 거처에 숨어 있을 거거든.

줄리엣 : (유모에게 반지를 주며) 오, 그를 찾아! 나의 진정한 기사분
께 이 반지를 전해 줘.

그리고 와서 마지막 인사를 나누자고 말씀드려.

<u>따로따로 퇴장</u>

《로미오와 줄리엣》 3막 2장 중에서, p.100~106

9 소리와 감각

" 극장 건물 안에 커다란 공기 방울이 있다. 그 공기 방울은
배우의 말하기와 함께 살아 움직이기 시작한다. "

우리가 말하면서 만드는 모든 소리가 사실은 강도가 서
로 다른 감탄사이며, 외부 사건에 대한 내적 반응으로 창조된
다고 상상해볼 수 있을까? 어떤 의미에서 보면 그 소리는 사
건 자체에 대한 묘사라고도 말할 수 있다. 고대에는 '불fire'
이라는 단어가 단순한 지칭 또는 반응일 뿐만 아니라, 'F'라
는 자음으로 불의 본질적 속성을 묘사하는 행위이기도 했다.
그 단어를 말하면서 인간은 불에 대한 경험을 되살렸다. 당

시 사람들은 자연에 가까운 정도가 아니라 자연의 일부였다. 현대 도시 사람들이 상상할 수 있는 것보다 훨씬 자연과 가까웠다. 그들은 자연의 생명력을 생생하게 체험했을 뿐 아니라, 그 힘의 활동을 춤과 말소리로 표현할 수 있는 독특한 능력을 가지고 있었다.

이렇게 생각해보면 말하기가 어디서 비롯되었는지, 그 근원이 얼마나 깊은지를 짐작할 수 있다. 인간으로써 우리는 소리와 제스처를 통해 경험을 되살리고, 그것을 다른 사람에게 전달할 수 있다. 인간의 말소리에는 사건과 사물을 표현할 수 있는 힘이 있다. 이 사실을 통해 인간이 단지 진화의 결과물이 아니라 정신을 지닌 존재임을 증명할 수 있다. 자연에 깊이 속한 존재이면서도 의식으로 인해 자연과 분리되었기 때문에 자연은 물론 자기 자신을 묘사할 수 있는 힘을 갖게 되었다.

동물이 따라올 수 없을 정도로 자음과 모음을 연속해서 정확하게 조음할 수 있는 능력으로 인해 인간은 동물과 다른 존재가 된다. 인간과 동물을 구별하는 큰 특징 중 하나는 인간이 말을 할 수 있다는 사실이다. 정말로 인간의 말하기는 신의 선물이다. 만약 우리가 말하기에 대한 의식을 잃어버린다면, 인간의 말하기가 그저 기계적인 의사소통 수단이나 동물의 울부짖음 수준으로 전락해버린다면(요즘 인기 있는 음악에서 흔히 볼 수 있듯이), 그리고 말하기의 본질적 특성과 몸짓이 사라지거나 그 뜻을 왜곡하게 된다면, 인간의 신성함, 인간 고유의 문화, 그리고 인간 본연의 정신 모두가 사라지고 말 것이다.

혀, 치아, 입술, 입천장을 통해 흘러나온 호흡은 대기 속에 자음과 모음의 형상과 형태를 내보낸다. 자음은 구강 내 조음 기관의 여러 가지 저항을 거치면서 모양이 만들어진 호흡의 흐름이다. 치아는 's' 소리를, 입술은 'b' 소리를, 치아와 아랫입술은 'v' 소리를, 치아 뒤에서 혀가 누르는 'n' 소리를 만드는 식이다.

모음을 발음할 때 중요한 것은 구강 내 모양과 위치에 대한 감각이다. 'ah'를 발음 할 때는 입을 크게 툭 떨어뜨려 열고, 'ae' 소리(영어 'sell'이나 독일어의 'ae'에 해당하는 발음)를 낼 때는 중심을 앞쪽으로 이동한다. 'ee' 소리를 내기 위해서는 중심을 치아 사이까지 내보내야 한다. 소리가 앞으로 날아가는 것처럼 입술을 만들면 'o' 소리가, 여기서 입술을 더 앞으로 내밀면 'oo' 소리가 난다.

하지만 인간의 말소리 창조를 이런 식의 기계적인 묘사로는 결코 충분히 설명할 수 없다. 말하는 사람은 앞서 설명한 창던지는 사람처럼 소리를 끌어낸다. 창던지는 사람은 팔을 뒤로 젖혔다가 뻗으면서 에너지가 흘러나가게 한다. 말을 할 때도 먼저 호흡이, 그 다음으로 발화기관이 준비되고 나면 비로소 인간이 말을 하게 만드는 힘이 다른 세상에서 내려온다고 상상해보자.

인간은 수많은 소리가 담길 그릇을 만들 수 있는 힘이 있다. 사실 고대에는 이런 소리들이 행성과 별의 음악이라고 믿었다. 소리를 만들 수 있는 능력이 있다고는 해도 인간이 소리 자체를 창조한 절대자는 아니다.

이 주제는 다음 기회, 다른 책에서 자세히 다루기로 하자. 하지만 소리가 우리의 의도에서 출발해서 우리에게로 다가오고 입을 통해 모습을 드러낸다는 느낌을 가질 때 연극의 말하기에 살아있는 정신이 담길 수 있다. 『창세기』에서는 흙이나 광물로 빚은 형상에 생명의 숨결을 불어넣어 인간을 창조했다고 말한다. 예술가들의 활동 속에는 언제나 이런 정신이 어느 정도는 들어 있게 마련이다.

말소리 들어보기

소리마다 특정한 표정이 있고, 그것이 '단어'에 반영된다. 마치 모음과 자음 모두 각자의 제스처를 가진 것 같다. 이 제스처는 제대로 들었을 때만 느낄 수 있으며, 그런 뒤에야 진정한 이해에 이를 수 있다.

제대로 소리를 들으려면 신체 전체가 듣기 위한 기관이라고 상상해야한다. 소리를 온전하고 통합적인 경험으로 수용하는 것이다. 이런 설명이 조금 낯설게 들릴 수 있다. 요즘 시낭송이나 연극 대사는 소리를 온몸으로 경험하게 해주는 특성을 가진 경우가 극히 드물다. 하지만 음악을 듣다보면 신체 전체로 소리를 받아들인다는 것이 무슨 뜻인지, 그리고 고개를 한쪽으로 기울이고 귀만 열어 듣는 것으로는 충분하지 않음을 쉽게 이해할 수 있다.

말하기가 음악 예술에 더 가까워진다면, 말하기의 요소와 자음, 모음의 특성에 더 민감해진다면, 우리는 인간의 말소리를 듣는 것이 음악 감상처럼 아주 심오한 경험임을 알게 될 것이다.

단어가 생각을 전달하는 전령이라면 우리는 단어에게 발을 주어서 달릴 수 있는 힘, 음절을 딛고 공간 속으로 나아갈 수 있는 능력을 주어야 한다. 그리스 사람들은 이 사실을 생생하고 강렬하게 느꼈기 때문에 그것을 강약약격dactyl과 약약강격anapaest 같은 춤의 리듬에 반영했다. 이런 리듬을 이용해서 단어 사이를 걷는 느낌을 불러일으키는 문장을 만들어보자. 앞서 언급했듯이 단어를 딛고 걸어가는 느낌은 지극히 일상적이거나 토막 난 대화, 맥락 없는 대화에도 있어야 한다. 배우는 아무리 관습적인 대사라도 음절 사이를 걸어 다니는 리드미컬한 역동성을 품고서 말을 하려고 노력해야한다.

우리가 오늘날 어떻게 말하는지를 생각해보면 이런 노력이 왜 필요한지는 금방 분명해진다. 형편없는 바이올린 연주자가 되는 대로 활을 문지르면서 도저히 음악이라고 할 수 없는 이상한 소리를 만들고 있다고 생각해보자. 이 때 악기에서 아름다운 음을 끌어내지 못한 책임은 무엇보다 그 연주자에게 있다.

오늘날 말하기 상황도 별반 다르지 않다. 울림이 발성 기관을 벗어나지 못하기 때문에 소리가 아무 색채 없이 지루하고 움직임이 없다. 우리는 말하기가 화자에서 출발해서 청자를 향해 앞으로 나아가야 한다는 사실을 잊어버렸다. 지금 하는 말이 진심에서 우러난 것이라면, 그리고 듣는 이가 당신의 말을 이해해 주기를 절실히 소망한다면, 나아가 듣는 이가 정말로 귀기울이고 있음을 안다면, 말하기가 물건을 옮기는 동작이나 달리는 동작을 비롯한 모든 가시적인 몸짓처럼 구체적이며 유의미한 인간의 행위라는 개념을 체화시키기 위해 노력해야 한다.

문장이 눈앞에서 걷고 춤추는 것처럼 대사를 말할 수 있다면, 듣는 이는 그 배우의 말에 무게감을 갖고 귀기울이게 된다. 단어를 자연스럽게 놓아 보내듯 호흡에 실어 내보낼 수 있으면 배우가 말한 것은 의미를 가지고 관객에게 전달될 수 있다. 이중 그 어떤 것도 하지 않는다면 듣는 사람은 배우가 진심으로 말하고 있지 않다고 느끼게 된다. 일상에서 우리는 깊은 생각이나 진심을 담지 않고 입에서 나오는 대로 말하는 경우가 많다. 그런 대화는 단순한 수다로 전락해버리고 만다. 일상의 행동을 단순히 모방하는 수준의 배우는 다들 그렇게 하니까 자기도 그럴 수밖에 없다고 생각할 것이다. 하지만 연기를 예술로 여기는 배우라면, 겉보기에 아무리 '일상적이고 자연스러운' 말하기라도 그 속에 예술적 요소를 불어 넣을 것이며, 그랬을 때만 배우로서 자기 행위가 생명을 갖는다고 여길 것이다.

{연습22} 음절에 따라 걷기

호흡에 소리를 실어 내보낸다. 소리가 내쉬는 숨을 타고 공간 속으로 흘러나간다는 느낌으로 말한다.

강약약격Dactylic	약강격Iambic
Flying away from us	I fly away
Flowing away from us	I flow away
Swimming away from us	I swim away

Sailing away from us	I sail away
Running away from us	I run away
Riding away from us	I ride away

강약격Trochaic	**약약강격**Anapest
Flying faster	Let us fly and be free
Flowing faster	Let us flow and be free
Swimming faster	Let us swim and be free
Sailing faster	Let us sail and be free
Running faster	Let us run and be free
Riding faster	Let us ride and be free

말하기의 '재료'

루돌프 슈타이너는 무대 위 말하기를 살아 있는 '재료'라고
표현했다. 배우의 말하기 속에 들어 있어야 하는 특성을 이
보다 더 잘 묘사한 말은 없다고 생각한다. 영국의 경우를 보
면 숙련된 배우의 전통적인 말하기 속에서 그런 특징을 만날
수 있다. 과거 배우들의 말하기가 지금 우리 귀에는 고색창연
한 낯선 발성으로 들릴 것이다. 하지만 그 말에는 힘과 실체,

'재료'가 있었으며, 무엇보다 배우들은 자기 대사를 단순히 '소리'로 말한 것이 아니라 '언어'로 말했다. 자꾸 지나간 시대를 들먹여서 미안하지만, 갈수록 대사를 '소리'로 말하는 수준에 그치는 배우들이 많아진 것은 사실이다. 극장 공간이 커지면서 배우들이 크게 소리를 질러야 하는 상황이 되었지만 목소리를 억지로 키우는 것만으로는 극장 공간의 요구를 다 충족시킬 수는 없다.

말하기에 필요한 목소리에는 네 가지 요소가 있다. 이미 여러 차례 언급한 호흡과 어조가 있고, 공간 안에서의 움직임, 호흡 체계에 형상을 부여하는 자음 형태, 즉 움직이는 호흡으로 형태를 빚는 조음 활동이 있다. 조음은 눈에 보이지 않으며 존재의 순간은 찰나에 불과하지만 그 무엇보다 현실적으로 실재하는 조형 활동이다.

아무리 현대적, 실험적 양식의 연극이라도 배우가 의식을 담아 대사를 하면 사고와 느낌이 드러날 수 있는 견고한 토대가 만들어진다. 말하기 속에 든든한 '토대'나 '살아 있는 재료'가 없을 때, 배우는 표정이 살아있는 말하기를 빚을 근거가 없기 때문에 억지로 목소리를 쥐어짜게 된다. 우리는 그런 말하기를 공간에 형상을 부여하지 못하고, 공간을 자르며 지나가는 말하기라고 느낀다.

그냥 '소리내는 것'과 '말하기'는 어떤 차이가 있을까? 대사를 '말하기' 위해서는 단어를 구성하는 소리 하나하나를 의식해야 한다. 처음엔 불가능한 요구로 들리겠지만 몸에 밸 때까지 훈련하다보면 어느 새 쉽고 자연스러운 본능이 된다. 단어를 의식적으로 형성하는 태도는 사투리나 사극 등 연극에서 요구하는 어떤 방식의 말하기에도 기본으로 깔려있어야 한다.

호흡은 입을 통해 흘러나와 공기 속에서 공명하며 소리를 지탱해야 한다. 많이 알려져 있듯 인두와 구강, 코와 부비강의 공명통을 이용해 어조에 변화를 주는 기법은 우리가 추구하는 바는 아니다. 이런 소리 음색에 말하기 자체의 움직임이 결합되어야 한다. 화자 또는 배우가 입안에서 우물거리는 대신 공기 속으로 자음과 모음을 분명히 밀어낼 수 있으면, 그들은 공간 속을 이동하는 문양을 창조하게 된다. 그 공간에 서 있을 때 배우는 소리가 눈에 보이지 않는 체조를 하며 지나가는 것을 눈으로 보듯 느낄 수 있을 것이다.

인간의 말하기는 제스처나 마임보다 더 풍부한 표현력을 가지고 있다. 말하기는 관객에게 직접 다가가며, 그렇기 때문에 지금보다 연극에서 차지하는 비중이 훨씬 더 커져야 한다.

호흡의 형상은 고막에 와서 닿는 공기 진동보다 듣는 이에게 더 깊은 영향을 미친다. 자음을 들을 때 우리 내면에는 세상의 형상적 실재가 반영된다. 반면 모음은 그 실재 위에 우리의 감정과 반응을 쏟아낸다. 단어는 대부분 대략 자음 셋에 모음 하나의 비율로 구성된다. 자음이 그릇을 만들면 그 속에 모음의 특성이 담긴다. 모음은 자음보다 온화하며 인간의 영혼을 표현한다. 우리가 움직이는 소리 속에 표현력과 음악성을 담아낼 수 있으면 연극은 관객의 마음을 '움직일 수 있는' 힘을 갖게 될 것이다. 배우는 무대 위 움직임과 발걸음에 따라 극장 전체 공기와 공간이 달라지는 것을 느낄수 있어야 한다. 인물, 줄거리, 상황, 해석 같은 요소들은 그이후의 문제이다.

감탄사와 내적 제스처

인간의 소리는 인간의 내적 제스처의 결과라는 전제로 이야기를 풀어가 보자. 인간의 모든 소리가 내면 깊숙한 곳에서 나오는 일종의 감탄사라고 생각해보는 것이다.

그런 다음 다섯 개의 모음을 찬찬히 살펴보면 각각의 소리, 각각의 모음은 말하자면 인간 경험의 정수, 아직 '우리가 알지 못하는' 인간의 내면세계에서 빚어 올린 영롱한 보석이 된다.

'아' 소리를 낼 때 우리가 어떤 내적 제스처를 취하고 있을지 생각해보자. '아'를 발음할 때 얼굴 표정에서 그 실마리를 찾을 수 있다. 입을 크게 벌린 모양을 보면 화자의 내면 깊숙한 곳에서 소리가 나올 수 있도록 문을 열어주는 것처럼 보인다. 그래서 '아'에는 놀람과 경탄의 느낌이 담겨 있다. 다시 말해 그 소리를 통해 놀람과 경탄에 해당하는 인간 영혼이 밖으로 쏟아져 나오는 것이다.

입을 크게 벌리지 않고 옆으로 잡아당겨 치아를 살짝 드러내는 '이' 소리의 내적 몸짓은 다르다. '아'에는 '아득히 먼' 느낌(머나먼 하늘의 '별star'처럼)이 담긴 반면, '환희glee', 끝없이 펼쳐진 '바다sea', '자유로운free' 느낌을 가진 '이' 소리에서 우리는 스스로를 강하게 주장한다.

'오'는 '그릇bowl'이나 '접다fold'에서 보듯 감싸는 특성이 있다. '에'에는 '보내다send' 또는 '구부리다bend'처럼 밀어내는 성질이 있다. 영국의 어떤 계층 사람들은 말소리 전체에 '에' 음색을 추가하는 경향이 있다. 그들의 언어를 듣고 있으면 세상을 '피해 방어하는 것'처럼 보인다.

대롱에 바람을 부는 입 모양을 만드는 '우' 소리는 우리를 수축하고, 사로잡고, 갑작스런 놀람 또는 공포의 느낌을 준다.

너무 익숙해서 때로는 아무 생각 없이, 기계적으로 내는 소리의 세계에는 제스처의 세계가 숨어 있다. 그 세계는 우리의 말하기 속에서 다시 살아난다.

말소리와 친해지기

지금까지 개별 소리 안에 숨은 제스처에 대해 이야기했다. 모든 말소리는 경탄이나 두려움의 감탄사에서 비롯되었다고도 생각할 수 있다. 간단한 활동을 통해 이 느낌이 무엇인지 살펴보자.

달걀을 바닥에 떨어뜨리는 연기를 해보자. 떨어져 깨진 달걀을 보고 놀라서 '아' 하고 소리친다. 달걀 하나가 또 손에서 미끄러져 떨어지면서 바닥이 엉망이 되면 혐오감과 함께 '에'라고 외치게 된다.(영어의 'sell', 독일어의 'ä' 발음) 달걀이 하나 더 떨어진다. 자포자기하는 심정이 되어 '이'라고 외친다. 여기에는 히스테리까지는 아니더라도 일종의 즐거움이 섞여 있다. 하나가 더 떨어지면 놀라고 어쩔 줄 몰라서 '오' 하고 외친다. 결국 마지막 달걀마저 떨어지면 난장판이 된 바닥을 보며 걱정스럽고 두려운 마음에서 '우' 하고 외친다.

다섯 개의 모음을 차례로 발음하는 연습을 해보면 소리로 표현expression하는 바와 인간이 받는 인상impression이 하나로 연결되어 있음을 알 수 있다. 이제 이 과정을 뒤집어서 소리가 우리에게 말을 걸고, 자기 본성을 드러내게 해보자. 한 사람이 일어서서 자기가 선택한 한 가지 소리를 낸다. 다른 사람들은 자유롭게 움직이면서 들리는 소리의 특성을 몸짓으로 표현해 본다.

각 자음에서 특정한 소리를 택한다. 's'라면 알파벳 S를 발음할 때보다 날카로운, 뱀이 쉭쉭 거리는 것 같은 '스' 소리를 낸다. 'k'를 선택했다면 알파벳 K보다는 'kick'처럼 짧고 강한 구개음을 낸다. 또는 'puff'의 'f'를 발음해보자. 자음과 모음 모두 상관없다. 듣는 사람들은 소리 '인상'을 움직임 '표현'으로 변형시킨다. 듣고 말하는 소리에 더 익숙하게 해주는 연습이다.

이 연습에서는 말하는 사람 쪽에 책임이 무겁게 놓이기 마련이다. 화자가 소리를 말할 때의 느낌에 집중하면서 소리의 특질을 찾는 과정을 스스로 즐기지 않는다면 모두가 길을 잃게 되기 때문이다. 소리에서 뭔가를 찾아보겠다고 여러 사람이 귀를 쫑긋 세우고 있는 상황은 상당히 충격적인 깨달음으로 다가올 수도 있다. 이런 책임감은 소리와 그 속에 담긴 몸짓을 인식하는데 큰 도움이 된다.

다음에는 'W-A-V-(e)', 'H-A-T-(e)', 'F-E-A-(r)', 'T-R-E-E'처럼 음소를 하나씩 발음하면서 단어를 만드는 연습을 해보자. 사람들이 각 단어의 형태를 느낄 수 있도록 음소 사이에 간격을 두고 천천히 말한다.

{연습23} 내적 억양_ 보충 연습

여럿이 함께 입을 모아 다섯 가지 모음을 말한다. 하나씩 최대한 풍부하게 느낌을 담아 발음한 뒤에 다음 모음으로 넘어간다. 그런 다음 각각의 소리를 이용해서 짧은 2행시를 만들어본다.

아Ah   Far harder was the path that's past,
            But here at last, here lies the task.
            훨씬 더 어려웠던 길, 그것이 과거였다.
            하지만 여기 마침내, 과제가 놓여있다.

에Ae   To fail alone one cannot lay the blame,
            The failure tames the brain to start again.
            홀로 실패한 사람에게 잘못을 뒤집어씌울 순 없다.
            실패는 두뇌를 다시 시작하도록 길들인다.

이Ee   To feel free, steals from eternity
            A fleeting glimpse of seen reality
            영원에서 훔치는 자유로운 느낌,
            현실을 살짝 훔쳐보기

오 O   Fold the loam that binds the bone,
         Where seed be sown and shown new grown.
         뼈를 결합한 좋은 흙이 섞인 곳,
         씨앗이 뿌려지고, 새로운 성장을 볼 수 있는 곳.

우 oo   Who flew from the tomb,
         Who flew from the hollow room.
         누가 무덤에서 날아갔나,
         누가 빈 방에서 날아갔나.

이번에는 다섯 모음을 이용해서 하나의 장면을 만들어보자. 『오이디푸스』 이야기도 좋다. 충격에 빠진 테베 시민들이 스스로를 바라보고 모두가 느닷없는 역병에 걸렸음을 깨닫는다. '아'. 이제 '에'의 분위기 속에서 시민들은 정신을 차리고 이 역경을 헤쳐 나갈 준비를 한다. 그런 다음 저항하는 '이'의 분위기로 사람들은 오이디푸스의 왕궁으로 몰려간다. 오이디푸스가 계단참에 모습을 드러내자 사람들은 '오'라는 소리로 그에 대한 애정을 표현하고, '우'라는 소리로 강한 힘과 기꺼이 섬길 준비가 되어 있음을 증명한다.

오이디푸스는 이 불행의 원인이 자신임을 밝힌다. 경악한 사람들이 차례로 그에게서 등을 돌린다. 모두가 그에게 손가

락질을 하면서도 잠깐은 그의 운명에 연민을 느낀다. 마침내 사람들은 두려움에 떨며 미래를 직면하는 동시에 결단을 내린다. 이 연습을 통해 영혼의 분위기를 담은 다섯 가지 모음을 다시 한 번 깊이 경험한다. 개별 소리의 특성을 인식하는 동시에 단어 속에서 모음이 어떤 효과를 내는지를 관찰한 다음, 마지막으로 말하기 전체에 특정한 분위기로 색을 입히는 것을 관찰한다. 특정 소리 분위기를 단어 선택에도 반영할 수 있지만, 꼭 그래야 하는 것은 아니다.

먼저 한 사람이 작은 목소리로 대본을 읽으면서 흐름을 이끌어 주는 대로 마임을 해본다. 그런 다음 지브리쉬로 다시 한 번 그 장면을 연기한다. 상황에 맞는 모음 소리를 이용해서 극의 진행에 따른 태도 변화의 색채를 표현한다.

다음 단계에서는 모음 소리를 각 장면을 대표하는 핵심 음조로 삼아 작은 소리로 노래를 부르면서 마임을 한다. 움직임과 장면에 내재된 소리가 조화를 이루면 그 장면을 '지브리쉬'로 연기한다. 이때 지브리쉬는 모음의 특성과 제스처, 그리고 핵심 음조로 색깔을 입힌 언어다. 다음 문단에는 각 영혼 분위기로 이끌어주는 모음의 특질이 담겨있다.

아 Why has this disaster, this catastrophe come to us?
Crops under harsh skies stand stark or are cast down,
fear prowls through our towns, darkness lies in every
heart, for all are blasted by the same plague.

왜 이러한 불행이, 이러한 재앙이 우리에게 왔는가? 냉혹한
하늘 아래 농작물이 황량하게 서 있거나 넘어져 있다. 같은
전염병으로 모든 것이 죽어서, 두려움이 우리 도시를 배회
하고 있다. 어둠이 사람들의 가슴에 내려앉았구나.

에 Yet fate must not disable and crush us. Let us stand
against it-save ourselves. Let us make our way to the
palace gates where we may see the King.

그러나 운명에 굴복하지 않고, 짓밟히지 않아야 한다. 운명
에 저항해 일어나자. 우리 스스로를 구원하자. 왕을 만날 수
있는 왕궁 문 앞으로 가자.

이 Oedipus! King Oedipus! The city needs you. Be to us a
priest and rid us of this evil. Give us freedom from this
disease which has us in its grip.

오이디푸스여! 오이디푸스 왕이여! 도시는 당신을 필요로
합니다. 우리의 사제가 되어서 악을 물리쳐주시오. 우리를
사로잡은 이 질병에서 해방해 주소서.

198

오 Oh! Now the door opens. Behold the King–our hope of overcoming the chaos around us, his robe a token of Olympian power.

오! 이제 문이 열렸구나. 왕을 보라. 그는 우리를 둘러싼 혼돈을 극복할 수 있는 우리의 희망이고, 왕의 의복은 신의 힘을 가졌다는 징표이다.

우 We look to you O King... our duty is to you and to our country. Tell us truthfully the will of the gods revealed to you and it shall be done.

[The King confesses his guilt.]

우리는 당신을 바라봅니다. 오, 왕이시여…. 우리는 당신과 나라에 대해 의무를 가지고 있습니다. 우리에게 당신이 알고 있는 신의 의지를 진실하게 말해주시오. 그렇게 될 것입니다.

[왕이 자신의 죄를 고백한다.]

코러스 2

아 It is hard to grasp! The past into the present casts deadly bane.

이해할 수 없다! 과거가 현재로 들어와 무서운 시련을 주는구나.

에 | This sets him against us–us against him whom we said would save us, lead us.
이 말은 우리를 그에게서 멀어지게 만드는 구나. 우리를 구하고 이끌어주어야 할 사람에게서.

이 | But he himself is evil. Leave the city. O, Oedipus, no longer to be King.
하지만 그가 악이었구나. 오, 오이디푸스, 이 도시를 떠나시오, 당신은 더 이상 왕이 아니오.

오 | Go! No one can know what sorrows shall follow you.
가시오! 어떤 슬픔이 당신을 따라올지 아무도 알 수가 없소.

우 | The rotten wood must be rooted out so that the future may bear good fruit.
썩은 나무는 뽑아야 한다. 그래야 미래에는 좋은 열매가 열리리라.

코러스의 움직임과 태도에서 볼 수 있는 신체 제스처는 소리 제스처와 섞이면서 장면에 따라 달라지는 분위기를 만들고, 그것이 대본과 하나로 어우러진다. 그 순간 코러스는 영혼의 분위기를 '표현하는 신체'가 된다. 의지는 제스처에서 드러나며, 목소리 어조에서 표현되는 느낌을 떠받친다. 극의 내용은 지성 속에서 그 감성과 의지는 한층 명확해진다. 마침내 이 '코러스 신체'는 개별 제스처에서 집단 제스처로 확장된다. 장면의 도입부에서 코러스는 집단이지만 열리고 흩어진 상태다. 두 번째 부분에서 코러스는 무대를 가로질러 간다. 일부는 반대 방향으로 움직이기도 하지만 결국 하나로 합쳐지기 시작한다. 이제 맨 앞줄에 있는 리더를 중심으로 창 모양의 대열을 만든 그들은 왕궁 문 앞에 서서 오이디푸스를 부른다. 오이디푸스가 다가오면 그를 둘러싼다. 마지막으로 코러스는 무대 뒤쪽에서 앞쪽까지 나란히 두 줄로 서서 의무와 결단을 이야기한다. 오이디푸스가 불행의 원인이라는 말을 듣는 순간 코러스는 다시 흩어졌다가 하나의 그룹이 되어 퇴장한다.

{연습24} 내적 감탄사인 모음

다음 예문을 간단한 마임으로 해보자. 밖에서 볼 수 있는 제스처 중 적절한 것을 마음대로 선택한다. 연습의 핵심은 몰래 그리고 눈에 보이지 않게 소리의 특성을 추가하는 것이다. 소리내서 말하지 않는다고 내면까지 조용하다는 것은 아니라는 점을 기억하라.

- 누군가 들어온다. 방 안에서 목소리가 들리자, 문에 귀를 대고 듣는다. : **아**

  갑자기 문이 열린다. : **에** (놀라 뒤로 물러난다)

  자기가 왜 거기 서 있는지 설명하면서 황당무계한 이야기를 만든다. : **이**

  상대가 그를 믿지 않는다. 용서를 구한다. : **오**

  해고 위협을 당하고 혼자 남는다. 충격을 받았다. : **우**

  (다른 배우가 상대의 역할을 해줄 수도, 혼자 상상하면서 할 수도 있다)

- 여자가 아파트에 들어온다. 지칠 대로 지쳤고 집에 왔다는 사실에 안도한다. : **아**

  누군가 들어와서 방을 어지럽힌 것을 발견한다. : **에**

  어떤 장식물이 망가진 것을 본다. : **이**

  고쳐보려고 애쓴다. : **오**

  그러다가 혼자가 아니라는 사실을 깨닫는다. : **우**

- 남자가 편지가 온 것을 발견한다. : **아**

  그 편지에 어떤 내용이 있는지 몰라 불안하다. : **에**

  천천히 그것을 열어본다. 사랑하는 사람이 보낸 것이다 : **이**

  그것을 읽는다. : **오**

  편지에는 헤어지자고 쓰여 있다. : **우**

  그는 좌절한다.

자음과 자연의 4대 요소

모음은 내면의 표현과 밀접한 관계인 반면, 이제부터 살펴볼 자음은 사물과 사건을 묘사하는 힘이 있다. 루돌프 슈타이너는 자음을 자연의 4대 요소와 연결시켰다.

땅 소리	P B T D K G M N
물소리	L
바람 소리	R(굴려서)
불 소리	F V W Th J Sh S Z Y H

여러 소리 특성이 모여 하나의 단어가 생겨났음을 이해하면, 단어의 내용을 상으로 떠올리는 것이 가능해진다. 위 도표에서 땅 소리로 분류한 자음만 가진 단어도 있다. 'DARK어두운', 'DOOM운명', 'DEAD죽은'와 같은 단어를 소리 내서 말해보면 'LULL달래다', 'LILY백합', 'LOVELY사랑스러운'처럼 물소리로 이루어진 단어와 확연히 다른 성질을 느낄 수 있다. (주의: 여기서는 소리와 의미의 관계보다 소리 형상의 특질을 느끼는데 집중한다)

바람 소리인 'R'(굴려서 발음)은 'ROAR으르렁거리다', 'AIR공기', 'EERIE기괴한'을, 불 소리는 'SAFE안전한', 'FISH물고기',

'WAIF방랑자' 같은 경험을 선사한다.

　　한 단어에 두 특질이 결합하는 경우도 있다. 예를 들어 물소리와 땅 소리가 하나로 만나면 'LOAM양질토', 'LIFT들어 올리다', 'LADLE국자'처럼 음악적 소리가 된다. 물의 성질을 가진 'L' 소리 뒤에 땅 소리가 나오면 부드럽게 또는 갑작스럽게 확고한 형태가 생긴다. 'LADLE'처럼 다시 액체 형태로 풀어지는 경우와 'LIFT'에서 'T' 소리가 날카롭게 잡아주는 경우를 비교해보자. 'POOL수영장', 'BOWL우묵한 그릇', 'MOLE두더지'처럼 땅 소리를 물의 요소로 녹일 수도 있다. 이런 상상을 하며 단어를 말하면, 몇 가지 소리가 하나로 뭉쳐져 있다는 느낌이 아니라 단어 속을 걸어 지나가는 것 같은 경험을 하게 된다. 'MOLE'이라는 단어를 말하면서 'M'에서 'O'로 그리고 'L'로 넘어가고, 단어 전체를 생생하게 경험하게 된다. '공기'와 '불'이 결합한 단어에는 'RUSH돌진하다', 'ROUSE깨우다', 'RIFE만연한', '땅'과 '불' 소리가 결합한 단어에는 'DAZE눈부시게 하다', 'BUSH수풀', 'DASH황급히 달려가다' 등이 있다.

단어 속 지나가기

한 단어를 선택해서 음소 마다 차례로 발음한다. 단어의 음소를 하나씩 반복해서 말하고, 다른 사람들은 완전한 단어를 모르는 상태로 개별 소리에 맞춰 춤을 춘다. 예를 들어, 'S-s-s-s-s-s-s-'를 반복하고, 'T-t-t-t-t-'를 빠르게, 느리게, 가볍게 등 다양한 방식으로 반복한다. 그런 다음 높낮이를 바꾸어가며 'E-e-e-e-e-'를 여러 번 말한다. 이렇게 각각의 소리를 개별 활동으로 삼아 춤을 춘다. 배우들은 각자의 방식대로 해당 소리에 따라 춤을 추고, 제스처를 하고, 움직인다. 'L-l-l-l-l-'소리까지 연습한 이후에 온전한 단어 STEAL을 말해준다.

어떤 단어로든 마임을 이용한 춤을 만들 수 있다. 'bind, fly, loose, tight, dead, life, fear, brave' 같은 단어들로 연습해보자. 'free, catch, hate, love' 같은 단어들을 연습하다보면 움직임에서 단어 자체가 표현되는 흥미로운 경험을 하게 된다. 소리에서 단어의 의미가 드러나기도 하지만, 일단은 단어 속 제스처를 시각화하는 데서 시작해보자. 슈타이너는 "소리로 춤을 추고 소리를 '맛'보면서 배우들이 소리 속에서 '수영'한다고 느끼게 하라"고 제안했다.

슈타이너가 사용한 '맛보다'는 표현은 생각만큼 그렇게 이상한 말은 아니다. 소리에 대한 느낌을 갖고 쓴 글은 소리 속 의미가 문장을 보완한다. 윌리엄 예이츠W. B. Yeats는 시를 어떻게 쓰냐는 질문을 받았을 때 이렇게 대답했다. "저는 공기 한 모금으로 시를 씁니다."

위에 소개한 단어를 가지고 속으로 소리를 내면서 간단한 마임을 만들어보자. 'steal'을 다시 예로 들어 보자. 'S-s-s-s-s' 소리는 우리를 무대로 이끈다. 'S-s-s'를 발음하는 것처럼 입모양은 만들어도 소리는 전혀 내지 않는다. 소리를 눈으로도 느껴보고, 'T' 소리의 날카로움도 느껴보자. 'T' 다음에는 꿰뚫는 것 같은 'E-e-e-e-e' 소리가 따라오면서 우리가 무엇을 훔치는지를 '보게see' 해준다. 마지막에 오는 'L-l-l-l-l'은 훔친 물건들을 한 자리에 모은다. 단어의 뜻을 아는 것과 상관없이 소리를 통해 단어를 다시 살아나게 만들 수 있다. 단어를 구성하는 개별 소리에 대한 의식이 높아질수록, 말하기가 가진 음악성에 대한 만연한 무관심이 조금씩 무너질 것이다.

루돌프 슈타이너는 『시각적 말하기로서의 오이리트미Eurythmie als sichtbare Sprache』[19](GA 279) 강연에서 소리 움직임과 그 특성을 간략하게 묘사했다.

---

19 오이리트미는 루돌프 슈타이너와 그의 부인 마리 폰 지버스가 고안한 동작 예술이다. 움직임을 통하여 언어와 음악을 '보이는 언어', '보이는 음악'으로 표현한다.

ah	경이. 놀람
b	둥글게 싸는 것, 감싸는 것
c(ts)	가벼운 성질
d	가리키는 것, 밖을 향해 빛남
e	어떤 것에 영향을 받고 그것을 이겨내는 것
t	위에서 아래로 향하는 큰 흐름
ee	자기주장
l	형태로 물질을 극복
m	동의하기
u	차갑고 뻣뻣해지는 것
sch	과거의 어떤 것을 날려버리는 것
r	구르기, 회전하기
a	경이
ei	달라붙는 성질

『언어 조형과 연극 예술Sprachgestaltung und Dramatische Kunst』(GA 282)에서도 소리 표현의 몇 가지 예를 소개하고 있다. 그것을 도표로 정리했다.

Fear 두려움	**oo**	
Pity 동정	**ei**	Compassion 연민, 동정심
Awe 경외심	**ah**	Wonder 경이
Curiosity 호기심	**ee**	
Assertion 주장	**ee**	
Pointing 가리킴	**d, t**	Schoolmaster 교장
Embrace the world 세상을 꺼안음	**ee, o**	Self-admiration 자존감
Anger 분노	**ee, ae**	Tension-release긴장-이완
Sorrow/terror 슬픔/두려움	**ae**	('sale'과 같은 소리)
Acute concern 극심한 걱정	입술을 누르는 모든 소리들	
Whole attention 온전한 집중	**ah. ah. ah...**	
Surprise 놀람	**ee. ee. ee**	
Terror 두려움	**oo**	
Contempt 경멸	**n. n. n...**	
Dejection 낙담	**v-ae**	
Rapture 황홀	**h**	
Careful reflection 심사숙고	**ah-o ah-o**	

{연습25} 배우를 위한 조표調標

원형 장면

모두 모여 원을 만들어 선다. 한 사람씩 돌아가며 아래 대사를 한다. 시작 전에 준비 동작으로 각자 맡은 소리를 원 안으로 '내뱉는다.'

처음에는 소리가 들리게 내뱉고, 그것을 두세 번 정도 반복한 뒤 대사를 한다.

그 다음에는 대사만 말하고, 소리 제스처는 속으로만 말한다. 말할 때는 원 중앙에 서 있는 불행한 죄수를 똑바로 응시한다.

문장 속 소리 제스처

감탄사

Ah 이제 이해하기 시작했어.

Ae 너 정말 배짱이 좋구나.

O 오 친구여, 넌 지금 태연한 척하고 있구나.

Ee 그가 화가 났다는 걸 알 수 있어.

U 너희들 모두 정말 잔인해. 그를 내버려둬.

Ee 그래, 그를 편히 두자.

O 제발, 지금 끝나기를.

Ah	이 원 안에서 난 반역죄로 고통 받을 거야.
U	아니야, 난 그렇게 말한 적 없어.
O	제발, 불쌍히 여겨줘.
Ee	그를 자유롭게 두자!
Ae	탈출하게? 너 미쳤구나! 이 약골들은 무시해버려.
Ee	그가 뭐라고 말해야 하지?
N	아무것도, 그는 아무것도 말하지 않을 거야!
D	감히 그렇게는 못하겠지.
F	무서워서 그렇게 못 할 거야.
K	그럼, 잔인함이 그를 죽일 거야.
M	그가 조용하니까 측은한 마음이 들어.
Ee	결백하다는 증거지.
G	죄가 있다는 증거지.
F	두렵다는 증거지.
D	체념했다는 증거지.
R	그를 놓아주자. 자유롭게 해주자.
G	그리고 그를 잊어버리자.
T	그래, 그를 추방하고 잊어버리자.
D	그렇게 하자.

속마음 중얼거리기

다음 연습을 통해 움직임과 소리 표현을 넘어 대화 속으로 들어가 보자.

먼저 어떤 상황을 묘사한다. 누가 무엇인가를 잃어버려서 그것을 찾고 있다고 하자. 찾는 연기를 하면서 '중얼거리기' 시작한다. 그런 상황에 처하면 쉽게 나오는 '중얼거림', '한숨', '소리치기' 같은 행동을 한다. 이런 원초적인 소리에서 시작해 제법 합리적인 말하기까지 이어질 수도 있다. 그러나 이 활동의 주된 목적은 느낌을 문장과 구의 형태로 표현하는 것이다. 신체 동작과 내적 소리 연습(연습24, p.201)에서 소개한 강도가 든 아파트 이야기를 '중얼거리는' 대화 연습에도 이용할 수 있다.

중얼거리면서 말한 생각을 종이에 적는다. 아래의 짧은 대사는 이렇게 해서 만들었다. 원래는 다섯 편의 짧은 대화지만, 연습을 위해 하나로 합칠 수도 있다.

이 대사를 연습할 때는 모음뿐 아니라 자음도 함께 사용해서 내용에 '색을 입힌'다.

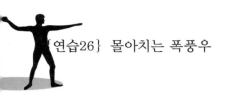

〔연습26〕 몰아치는 폭풍우

- 인물 1과 2가 각각 'Ah'와 'B'를 선택한다.

Ah

Look there, afar, see, approaching,

Like a mist, a low lying cloud,

That swiftly travels over the earth.

Ah! How it comes to overwhelm.

What magic spell is woven here,

That brings this midnight to the stars?

저기 봐. 저 멀리. 다가오고 있는 것.

안개 같은 것이, 낮게 구름처럼 깔려서,

땅 위를 빠르게 훑으면서 오고 있어.

아! 압도하고 있다.

여기에 어떤 마법의 주문이 걸려 있는 걸까,

저것이 이 밤을 별들에게 데려다줄까?

B

Bind and bend yourself about,
Protect with cloak our lonely forms,
And again, let not the darkness
Penetrate the folds, hold, hold your cloak,
Let not the black wind pluck the garments from our
backs.

허리를 숙여 몸을 감싸고,
이 외로운 형상을 망토로 보호해.
그리고 어둠 속에 두지 마.
주름을 뚫고, 너의 망토를 잡아.
검은 바람이 등 뒤에서 옷깃을 잡아당기지 않도록.

● 인물 1과 2가 각각 'M'와 'Eh'를 선택한다.

M

Move through this mist with a certain care,
With measured tread and firm resolve,
Undaunted by this mystery –the unknown–that which
may or may not be.
Come! Mould your thoughts to calmer forms.

아주 조심스럽게 이 안개 속에서 움직이도록 해.
계산된 발걸음과 확고한 결심을 가지고,

이 알려지지 않은, 있을지 없을지 모르는 미스터리에 의연하게,
자! 너의 생각을 더 침착한 형태로 만들어.

Eh

Stay! Step not a pace further,
Let fear hold us firm, let strength of our suspicions,
The doubts we share, act as a shield,
A strong defence, against that which awaits us there.
잠깐! 더 이상 한 발짝도 움직이지 마.
두려움이 확실히 우리를 붙잡도록, 의심의 힘을 내버려둬,
우리가 공유한 의심들이 방패로 작용할 거야,
저기에서 우리를 기다리고 있는 것에 아주 강력한 방어막으로.

● 인물 1과 2가 각각 'Ee'와 'D'를 선택한다.

D

As this dense and dark thing draws near, I stand se-
cure,
Bound to this solid earth. This gives me strength to en-
dure what should daunt me.
이 어둡고 짙은 것이 가까이 다가오면, 나는 안전하게 서 있
을 거야,
단단한 땅에 묶인 것처럼. 이것은 나에게 두려움을 참아내는 힘
을 주지.

Ee

But we must penetrate the mist and seek to discover its meaning.

하지만 우리는 안개를 뚫고 그것의 의미를 발견해야 해.

D

I have forebodings, draw back and stand firm.

나는 뒤로 물러나 확고하게 서 있을 거라는 예감이 들어.

Ee

See! I do not fear, but erect prepare to meet whate'er the mist reveals.

봐! 난 두렵지 않아. 안개가 드러내 보이는 것이 무엇이든 나는 똑바로 서서 맞이할 준비가 되어 있어.

D

There and there, those objects there!

저기에, 그 목표가 저기에 있다.

Ee

Now I see them - Oh how my keen desire bids me to perform deeds.

이제 난 그것을 바라본다. 오, 나의 예리한 욕망이 어떤 행위를 하라고 명령을 내린다.

- 인물 1과 2가 각각 'O'와 'N'를 선택한다.

O

Oh let me fold you in my cloak, hold you near, protect you.
Oh do not turn away!
오, 가까이 붙들고 보호할 수 있도록 너를 망토로 감싸야 하겠구나. 오, 돌아보지 말거라!

N

No! Now is the moment when I must stand alone.
아니에요! 지금이 내가 홀로 서야 할 순간인 걸요.

O

Alone! Who is alone? It is I that am alone.
혼자! 누가 혼자라는 거냐? 혼자인 사람은 나란다.

N

Nearer and nearer comes the storm.
폭풍이 점점 더 가까워지고 있어요.

O

O my son, return to your loved ones, your home.

Do not go, do not go.
오, 아들아, 네가 사랑하는 너의 집으로 돌아오너라. 가지 마라,
가지 마.

N

Never, into this night I step, in I step, in I step.
아니요, 내가 걸어야할 이 밤은, 내가 걸어들어 갈 거예요. 내가.

O

Foul darkness overwhelms him.
지독한 어둠이 그를 압도하는 구나.

● 인물 1과 2가 각각 'R'와 'U'를 선택한다.

R

Terror grips my heart; I cannot help but tremble as the
storm approaches.
공포가 내 심장을 움켜쥔다. 폭풍이 다가오니 떨리는구나.

U

Be resolute! This cruel wind shall not move us.
의연해야해! 이 잔인한 바람도 우리를 움직이지 못할 거야.

R

Oh, I am freezing, let us return.
오, 난 얼어버렸어. 우리 돌아가자.

U

No, we must go on through it.
아니, 우리는 이것을 통과해야만 해.

R

Oh, this raging wind is carrying me away.
오, 이 격렬한 바람이 나를 휩쓸어가고 있어.

U

Stoop low and with your shoulder push.
어깨를 웅크리고 낮게 숙여.

말하기 연습의 핵심

말하기 이면에 존재하는 이런 바탕을 소개한 이유는 배우들이 '자연주의' 연기의 잔재에서 벗어나도록 돕기 위해서다.

말하기와 소리, 단어, 듣기의 자연스러운 감각을 잃어버린 배우는 말하기와 표현에서 부자연스럽게 긴장하기 마련이고, 다른 수단으로 그 상실을 보충해야 한다.

그런데 이런 '부자연스러움'을 지극히 정상적인 행동으로 여기는 경향이 갈수록 커지고 있다. 이제 배우는 자연스러움을 찾으려면 거울을 들여다봐야 한다. 하지만 배우가 '정상적인' 태도나 관습을 그대로 흉내 낼 때 연기 예술은 큰 위협에 놓인다. 사실 대부분의 '정상적인' 태도와 관습이 지극히 비정상적이기 때문이다.

하지만 동시에 이런 상황 때문에 배우들이 자연주의 연기에 의존하게 될 수도 있다. 자연주의 경계 너머에서 움직일 수 있는 힘이 갈수록 위축되면서 연기는 단순한 행동으로, 말하기는 단순한 소리내기로 축소되고 있기 때문이다.

10 서사시, 극시, 서정시 분위기

연극은 어느 날 갑자기 시작된 가면놀이에서 예술로 발달한 소일거리용 오락이 아니다. 고대 신비 학교에서 하던 활동이 형태가 약간 바뀌어 세상 속으로 흘러들어간 것이다. 그 시절 테스피스Thespis라는 배우가 코러스 밖으로 나와 코러스에 맞서서 말하는 인물을 연기했고, 거기서 대화극이 비롯되었다고 알려져 있다. 이후 코러스에서 나온 인물들이 무대에서 행동을 하고 코러스가 그에 대해 언급하는 양식의 연극이 탄생했다고 한다. 이것이 역사학자들이 이야기하는 연극의 탄생이다.

하지만 여기에 한 가지 사실을 추가해야 한다. 연극은 전혀 다른 세 가지 양식으로 발전했다는 점이다. 첫 번째는 이야기꾼 또는 암송자가 이야기를 들려주는 서사시 양식이다. 두 번째는 서정시 또는 낭송이라고 부르는 양식이다. 여기서 공연자는 개인적 갈망과 욕망, 혹은 내밀한 고통이나 승리의 감정을 이야기한다. 서사시와 아주 상반된 양식으로, 말하는 방식 역시 서사시 화자와는 전혀 다르다. 서사시와 서정시 양식 사이에 있는 것이 극시로, 적어도 두 사람 이상이 대화하는 형태로 등장한다.

서사적 암송자, 극적 대화, 낭송조의 서정적 화자는 모두 각자의 양식에 따라 말하기를 훈련했다. 서로의 차이는 인간 영혼에 속한 세 가지 특성에 근거한다. 서사시는 인간의 창조적 사고와 상상력, 기억력을 사용하고, 극시는 말을 주고받을 수 있는 능력, 생각과 아이디어를 나누고, 사회 활동을 창조하는 능력을 보여주었다. 초기에는 인간 행위의 정수를 대화의 기술이라고 여겼다. 의견 교환을 갈등으로 인식하게 된 것은 나중의 일이다. 서정시는 인간의 내면에서 터져 나오는 개인적 감정, 절망이나 기쁨, 희망을 노래했다.

서사시 화자였던 호메로스Homeros가 앞을 보지 못했지만 예술성에 아무런 손상이 없었던 것은 충분히 이해할 만하다. 첫째, 서사적 화자는 환상 속에서 까마득한 시절의 이야기들을 떠올리는 꿈을 꾸었기 때문이고, 둘째, 말소리의 위치를 구강 뒤쪽, 연구개에 두었기 때문이다. 그 위치는 말하기 양식에서 사고와 표상을 만드는데 중요한 역할을 하는 화자의 의지가 자유롭게 풀려나는 곳이라 여겼다. 이런 말하기 양식은 다시 듣는 사람의 의지를 자극하여 그들 역시 내면 표상을 창조할 수 있었다.

서정적 화자 또는 음유시인, 가수는 듣는 이에게 자기 마음을 쏟아냈다. 그들의 관심은 사고의 상이나 옛날 일이 아니라 현재의 마음 상태, 특히 미래를 바라보고 있었다. 미래를 향한 열망을 품고 노래했으며, 자기에게 일어나는 일을 운명으로 이끌어주는 길이라 여겼다. 미래를 바라보며 앞으로 나가려는 힘은 말하기 방식에도 드러났다. 서정적 화자는 감정의 파도가 듣는 이에게 쏟아져 나가는 장소라고 여겼던 입술에서 소리를 만들어 내보냈다. 벌어진 입은 감정과 열정의 표현이 되었다. 고대 이집트 조각상은 입은 다물고 눈은 다른 세상을 바라보면서 꿈을 꾸는 것 같은 모습으로 서있다. 그에 비해 그리스 조각상과 회화는 이승의 새로운 경험이 그들의 문명에 도달한 것처럼 입을 벌리고 있다. 서정적 말하기 양식은 그 벌어진 입에서 개별 영혼의 노래인 감정을 담고 흘러나왔다.

서사적 화자와 서정적 화자 사이에 두 사람이 서 있다. 그들은 배우다. 둘은 서로에게 말을 한다. 한 사람이 말로 표현한 생각은 다른 사람의 사고를 자극한다. 이 두 사람 사이 공간에서 나오는 것이 극시다. 배우의 말 역시 구강의 중간, 자유로운 혀가 치아와 경구개 사이에서 혀가 움직이는 공간에 존재한다.

서사시 화자는 무대 뒤쪽에 서서 뒤 공간의 힘에 기대어 이야기한다. 그는 창을 던지기 직전의 선수처럼 주변 공간에서 생각을 불러온다.

극시는 행동이 벌어지는 무대 중간에 존재한다. 지금 어떤 일이 일어나는 그곳은 완전히 깨어 있고, 사고로 눈부시게 빛난다.

서정적 화자는 무대 앞쪽, 듣는 이와 가장 가까운 곳에서 개인적으로 말을 건다. 완전히 날아간 상태의 창이라 할 수 있다. 이 세 가지 특성은 고대와 마찬가지로 오늘날에도 우리 내면에 생생하게 살아 있다. 현실에 기반이 없다면 양식 자체는 아무 의미가 없다. 양식이란 세심한 관찰로 명료해지고, 예술가의 손으로 형태를 만든 삶의 진실이다.

어떤 사건을 떠올리려 애쓰는 사람은 내면으로 깊이 파고들어가 기억 속 어딘가를 더듬어 찾는 것 같은 태도를 보인다. 어떤 일 때문에 마음에 걱정이나 열정이 가득 차 있는 사람은 상대에게 자기 마음을 토로하면서 분노나 불안의 감정을 폭발하듯 쏟아낸다. 자기 의견과 감정에 완전히 사로잡힌 채 방안을 이리저리 서성이지만 상대가 자신들의 질문에 답을 하거나 의견을 수정해주기를 원하지도, 다른 관점을 제시하기를 바라지도 않는다. 이럴 때 그들은 완전히 서정적 분위기 속에 있다. 극적 분위기는 두 사람이 토론하면서 의견을 교환할 때 생기는 강렬한 호기심에서 나온다. 어떤 단어를 선택하고 어떤 태도로 말하느냐가 상대방에게 큰 영향을 준다. 서사시 같은 꿈꾸기도, 서정시 같은 감정의 분출도 없이 대화나 토론이 흘러가는 방향에 완전히 깨어 있을 때 우리는 극적 분위기로 들어간다.

극장에서 두 사람 이상의 인물이 무대에서 행동을 할 때 연극이 생긴다. 독백이나 서정적 시에서 영혼은 날숨을 쉬듯 홀로 모습을 드러낸다. 서사시에서 이야기꾼의 창조성은 다른 세상에서 내려오는 생각과 그림으로 드러난다. 연기에서 이 세 가지 특성이 인물의 행동 속에서 교대로 나타나는 것을 관찰할 수 있다. 관객은 그 차이를 명확하게 인식하지는 못할지라도, 내면에서는 서정적, 서사적, 극적 양식을 적합하게 말했는지, 올바른 지점에서 드러났는지를 느낄 수 있다.

먼저 아주 강도 높게 전달하는 연습을 해보자. 신파극이나 과장된 방식으로 연기하는 것이다. 완전히 빠져 들어갔을 때만 그 분위기의 본질을 느낄 수 있기 때문이다.

처음에는 무대 뒤쪽에 서서 자신의 뒤에서 오는 힘을 느껴본다. 그런 다음 무대 중간으로 와서 동료를 만나고, 마지막으로 무대 앞으로 달려 나오며 감정을 쏟아내라.

서사적 : 무대 뒤쪽

들린다, 들린다, 속삭임이 들린다.

멀리서 손짓하고, 손을 뻗으며, 애원하고, 상상하면서

반짝이고, 메아리치며, 손짓하고, 마법을 부리며,

부영다가, 모양이 나타난다, 태풍이 몰아치고 더욱 강해진다.

모양이 나타나고, 이야기를 부르고, 만들어진다, 만들어진다.

극적 : 무대 중간

그런 이야기를 자네에게 해주겠네. 아주 신비로운 이야기들을. 내가 하는 말을 믿어주겠나? 자네가 웃는군. '광대'라고 해도 좋아. 바보, 몽상가, 환상의 꼭두각시! 하지만 친구여, 내가 이야기를 끝냈을 때 자네는 수긍하게 될 걸세. 거부하지 않고 받아들이게 될 거야. 내가 하는 이야기들을.

서정적 : 무대 앞쪽

아, 그 마법의 순간을 보여줄 수만 있다면. 아, 그 꿈들, 그 기억들. 한낱 시시한 언어로 어찌 그 오묘한 순간을 표현해낼 수 있으리. 나의 언어가 그 순간들을 담아낼 수 없다면 마법의 세계를 목격한 의미가 무엇이란 말인가? 뮤즈 신이시여! 간구하오니, 나를 통해 말씀하소서! 제가 알고 있는 그 신비를 표현하게 하소서.

지금까지 살펴본 서사적, 극적, 서정적 특성을 하나로 모아 전형적인 장면을 만들어보았다. 세 특성이 아주 명확하게 드러나기보다 두세 단어에서 서정적 특성이 잠깐 비치거나 인물이 아주 짧은 순간 서사적 분위기를 반영하는 정도에 그칠 수 있다. 셋 중 하나에 해당하는 대사를 말하면서 공간이 달라지는 것을 느낀다면 내적 움직임의 감각이 자라고 있는 것이다.

{연습27} 회상

아버지(병약한 노인) : 기억나. 얼마 전에 우리가 어떤 문제 때문에 말다툼을 했지. 근데 그게 정확히 뭐였더라, 돈과 관련된 거였는데. 빚이었나? 대출? 확실히 돈이랑 관련된 건데. 뭔가 잃은 거였는지 찾은 거였는지, 아님 부당한 일이었던가? 뭐가 우리를 그렇게 괴롭힌 거지? 얘야, 너는 기억나니?

아 들 : 전 기억 안 나는데요, 아마 한참 전 얘기인가 봐요.

아버지 : 그래도 기억이 안 나니?

아 들 : 안 나요. 다 잊어버렸어요.

아버지 : 뭘 잊어버렸는데?

아 들 : 아버진 뭘 기억하려고 하시는 거예요? 아, 참자, 참아.

아버지 : 뭐라구?

아 들 : 아니에요.

아버지 : 잠깐만. 생각난 것 같다. 내 유언장과 관련된 거였어.

아 들 : 아, 제발. 아버지, 담뱃불 붙이시고 저녁 시간을 좀 즐기
세요.

아버지 : 이제야 기억나는구나. 유언장을 꺼내서 추가 조항을 넣으
려고 했지.

아 들 : 아이고, 하느님. 아버지가 또 나를 미치게 만드네요.

아버지 : 뭐?

아 들 : 아버지가 저를 미치게 만든다구요.

아버지 : 아니, 왜?

아 들 : 내가 하는 일마다 안 되는 놈이라는 이상한 생각에 빠져
서, 동생한테 모든 걸 상속하고 나한테는 한 푼도 안 주기
로 했던, 그 얘기를 하고 계시잖아요.

아버지 : 그래서 내가 어떻게 했니?

아 들 : 유언장을 바꾸셨죠.

아버지 : 그래서 그 애가 전부 다 가지게 됐니?

아 들 : 네… 하지만 해리는 죽었잖아요.

아버지 : 세상에! 해리가, 내 소중한 해리가! 그 녀석이 어릴 땐 언제나 단정하고 깔끔했지. 방금 찍어낸 새 동전처럼 눈부시게 반짝였어.… 가끔 장난꾸러기 같은 미소를 짓기도 했지만, 얼마나 현명한 아이였는지. 난 언제나 그 애가 지혜로워 보였다. 가끔 그 애가 아주 심각한 눈으로 정색하고 날 쳐다볼 때는 무섭기도 했어. 폐렴이었지, 맞니?

아 들 : 네. 아버지.

아버지 : 넌 해리를 안 좋아했지?

아 들 : 네! 걘 맨날 잘난 척에 아주 똑똑한 보이스카우트였으니까요. 제가 더 나이가 많았는데, 나를 아주 깔보고, 내가 저보다 형이거나 지혜로운 꼴을 못 봤죠.… 그리고 나를 쳐다보곤 했어요. 그 눈… 그 '지혜로운 눈'으로요. 난 그 애를 그렇게 불렀죠, 그러고는 바로 후회했지만요. 그 애가 진짜 나보다 지혜로운 것처럼 들리잖아요. 아, 지긋지긋해! 똑똑하고 너무 영리하고 너무 깨끗했지. 지금은 어때요. 그 앤 죽고 난 이렇게 살아 있네요.

아버지 : 내 마음 속에 그 애는 아직 살아 있다. 그 아이의 모든 행동이 내 기억 속에 살아 있어. 그 애의 목소리, 가끔 나한테 귓속말을 해, 그래 내가 무슨 말이냐고 물어보면 막 웃으면서 도망가지.

아 들 : 몇 분 전까지만 해도 아버진 해리가 죽었다는 걸 기억 못했어요.

아버지 : 그래 맞다. 여전히 믿을 수가 없어. 나한테 그 아인 살아 있어.

아 들 : 그 앤 죽었어요. 그러니까 이제 이 얘긴 그만해요.

아버지 : 그래, 네가 날 화나게 만들려고 무슨 짓을 했는지 이제 기억이 나는구나.

아 들 : 아버지도 기억하셨네요. 저도 기억이 나요… 하지만 이제 그만 잊어버리자구요. 이미 오래전 일이고, 옛날 일이나 이야기하면서 이 저녁 시간을 보내긴 아깝잖아요.

아버지 : 그래… 기억이 나. 넌 내가 제정신이 아니라서 유언장을 확정할 권리가 없다고 당국을 설득하려고 했지.

아 들 : 아버진 제정신이 아니었어요. 하지만 지금은 제가 정신 줄을 놓게 될 것 같네요. 그만하죠.

아버지 : 내 돈이 해리한테 가지 않았다면, 어디로 간 거지?

아 들 : 그만해요! 더 이상은 못 참겠어요! 이 영감탱이가 내 인생의 골칫거리야. 그래 맞아요. 내 삶의 골칫거리!

아버지 : 뭐라고 하는 거니?

아 들 : 아버지가 내 인생의 골칫거리라구요! 지긋지긋한 잘난 척!

아버지 : 해리처럼 말이냐!

아 들 : 주여, 이 늙은이한테서 멀리 떨어져 평화를 찾게 하소서.

아버지 : 돈은 어디로 갔냐?

아 들 : 나한테 있어요.

아버지 : 어떻게?

아 들 : 왜 물어보는 거예요? 왜? 이 사람 좀 멈춰주세요. 그만해
요, 아버지. 제발 그만 좀 하라구요!

아버지 : 내 돈으로 무슨 짓을 한 거야?

아 들 : 계획대로 잘 안 됐어요. 그 돈으로 당국에 가서 아버지가
미치지 않았다고 설득하려고 했거든요.

아버지 : 그런데 잘 안 됐다구!

아 들 : 아뇨, 잘 됐어요. 젠장할. 성공했다구요! 내가 한 일 중에
유일하게 성공한 일이에요!

아 들 : 성공했어? 어떻게?

아 들 : 아버지가 여기 있으니까요.

아버지 : 여기? 여긴 내 집이지.

아 들 : 아버지 집이 아니에요.

아버지 : 아니야! 그래 이제 기억난다. 우리 집엔 베란다가 있었
지. 베란다에, 잔디밭에. 가운데엔 계단도 있었어. 검정색
난로도. 블라인드랑 커튼, 구석에 재봉틀… 다 어디 있는
거냐?

아 들 : 없어요!

아버지 : 없어?

아 들 : 여긴 다른 집이에요. 말했잖아요. 내가 성공했다고!

아버지 : 기억은 사라졌을지 모르지만, 정신은 말짱하다.

아 들 : 그렇겠죠. 하지만 너무 늦었어요.

아버지 : 돈은 너한테 있고… 해리는 죽었다…. 아 해리야, 너를 도
와주고 싶었는데. 넌 도움 받을 자격이 있었어. 도와줄 수
있었는데. 널 다시 일으켜줄 수 있었는데. 이제 너도 사라
지고 돈도 사라졌구나.

아 들 : 네, 아버지. 그 돈으로 아버지가 여기서 살고 계시는 거예
요. 내가 가진 게 아니구요, 내가 가진 건 껍데기뿐이에요.
무슨 말인지 아시겠어요? 내가 놓은 덫에 걸린 아버지를
부양하는데, 한 푼도 남김없이 다 쓰고 있다고요.

11 서사시·서정시·극시 양식의 말하기 연습

– 바바라 브리몬트*Barbara Bridgmont*

자음의 위치

먼저 자음의 위치에 대한 감각을 일깨우는 연습으로 시작하자. 입안을 무대의 뒤쪽, 중간, 앞쪽이라고 생각해보자. 이 세 영역은 단어의 의미에 상관없이 인간 행동의 다른 질감을 표현한다. 말 속에 느낌이나 생각을 담아 표현하기 이전에 말소리에 대한 감각을 키워야한다. 말을 할 때 소리는 자기 본질을 우리에게 이야기한다. 다음 연습은 이 목적만을 위해 만든 것은 아니지만 말하기 기법 훈련에 도움이 될 것이다. 먼저, 다음 문장을 읽어나가는 동안 자음이 입안 어디에 위치하는지를 파악하려고 노력해보자.

첫 번째 문장 (1)에서 자음은 주로 입의 앞쪽(서정적)에 위치한다. (2)번 문장에서는 중간, (3)번 문장에서는 뒤쪽(서사적)에 위치한다.

상응하는 무대 위치에 서서 다음 문장들을 말한다.

(1) Warm waves move over from washed pebbles.
따뜻한 파도가 물에 씻긴 자갈 위를 지나간다.

Blow those bright rainbow bubbles,
이 밝은 무지갯빛 비눗방울을 불어라,

Impossible to pursue. 계속하는 것은 불가능하다.

Why, oh why, will you push for impossibly improbable promises?
왜, 오 왜, 당신은 있을 수 없는 황당한 약속을 강요하나요?

(2) A : Dare to trudge down town to tantalizing treats.
아주 느린 발걸음으로 마을로 내려가 봐.

B : Too dangerous. 너무 위험해.

A : No one need know. 아무도 알 필요는 없지.

B : Not my line. 내 대사 아닌데.

A : I say that this riddle should test the intelligence that
rules by the light of reason. Let all stand this trial.
이성의 빛이 지배하는 지능을 이 수수께끼로 테스트
해봐야 한다고 했잖아. 모두 이 시험을 보자.

B : No! Don't say that! It is not right to test the intellect
alone. Each heart also has its statement.
안 돼! 그렇게 말하지 마! 지능만을 테스트해보는 건
옳지 않아. 감성도 할 말이 있다고.

(3) He cleaved then carved the crystalline rock,
Creating greatest glory.
그는 수정같이 맑은 바위를 잘라서 조각을 만들어, 엄청난
장관을 창조하고 있는 거지.

Gagged by gargantuan hags in ghastly caves, they
kicked, hacked, struggled with the cackling crew.
무시무시한 동굴 안에서 거대한 노파에게 재갈이 물린 그
들은 발로 차고 마구 내려치고 낄낄거리는 무리와 씨름
을 했다.

So came the Turk, his galleons glistering gold,
His crescent flags crimson 'gainst darkening clouds.
Then cracked heaven's thunder and black squalls at-
tacked
The groaning ships. Great cataracts across
The decks crashed; helms splintered, chaos broke out.

터키인들이 빛나는 황금빛 범선을 타고 온다.
초승달이 그려진 붉은 깃발을 휘날리며 먹구름을 뚫고,
그러자 천둥번개가 치고, 돌풍이 몰아친다.
배는 신음하고, 엄청난 폭풍우를 가로지른다.
갑판은 부서지고, 키는 쪼개지며, 혼돈이 시작된다.

다음은 의미가 통하지 않는 문장도 있지만 '소리 감각'에는 적합한 소리를 가진 문장들이다.

Cook a cake	Or	He cooks cakes
Hug a hag		He hugs hags
Kick a hog		He kicks hogs
Cork a keg		He corks kegs
Hook a key		A car-key hook has he

왼쪽에 있는 모든 자음의 위치는 구강 뒤쪽이다. 오른쪽 자음도 마찬가지지만 'S' 소리는 중간에 온다.

TWENTY DIMPLED TEMPLE DANCERS
TW NT D MPL D T MPL D NC S
중간과 앞 사이를 왔다 갔다 한다.

LACK A TINGLING DRINK TO TAKE

L K   T NGL NG DR NK T   T K

중간과 뒤 사이를 왔다 갔다 한다.

NOBLE NEIGHBOURS NAMED IN NAPLES

N BL N   B   S N M D N N PL S

중간과 앞 사이를 왔다 갔다 한다.

NECK AND NECK ON KNOCK–KNEED NAGS

N K ND N K N   N K N   D N GS

중간과 뒤 사이를 왔다 갔다 한다.

자음의 위치에 따라 무대에서 이동해보면, 말이 훨씬 더 생동감 있고 명확해진다. 말하는 사람 역시 소리의 위치를 정확히 의식하기 시작할 것이다.

무대 위 자리가 곧, 소리가 '만들어지는' 위치라고 생각해서는 안 된다. 그곳에서 소리가 시작되기는 하지만, 호흡에 실려 화자의 앞쪽으로 나와야 하기 때문이다. 소리가 공기 중으로 밀려나오기 때문에 소리를 본다거나, 소리가 공간 속 어디에 있는지를 감지할 수 있다는 말을 할 수 있는 것이다. 연습할 때는 화가가 붓에서 물감을 뿌리는 것처럼 말이 앞으로 날아간다고 상상할 수도 있다. 앞에 놓인 캔버스에 물감이 묻는 것처럼 자기가 던진 말의 물감이 어떤 문양을 만들었는지 생각해본다.

Grab and grip	(구강의 뒤에서 앞으로. 즉, 연구개에서 입술 쪽으로. 단어마다)
Brick and block	(구강의 앞에서 뒤로. 단어마다)
Tit for tat	(구강의 중간에서. 혀와 이)
That's that	(구강의 중간에서. 혀와 이)

반복연습

Crumbs and cream	(구강의 뒤에서 앞으로)
Make or break	(구강의 앞에서 뒤로)
To eat or not	(구강의 중간에서)
Don't do it	(구강의 중간에서)

자음 소리와 위치를 직접 실험해보면서 분명하게 정리해두기 위해 도표를 만들어볼 수도 있지만, 말하기 연습을 반복해서 몸으로 익히는 것에 중심을 두기 바란다.

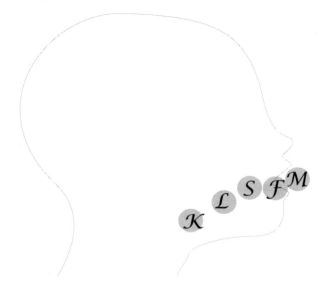

위 자음들은 구강의 뒤에서 앞으로 한 단계씩 이동하며 소리가 난다. 소리 하나에 한 걸음씩 걸으면서 다섯 개의 자음을 발음해보자. 아무 소리도 내지 않고 한걸음을 내딛은 다음, 몸과 함께 말하기도 함께 앞으로 이동하고 있다고 느끼면서 다시 한걸음을 내딛는다.

조금씩 발걸음의 폭과 말하기 흐름의 속도를 늘린다. 이런 방법으로 입안 전체를 탐색할 수 있다. 구강의 뒤에서 앞으로 지나가는 소리의 흐름을 느껴보자.

위치에 따른 몇 가지 단어를 소개한다. 구강 내 다섯 영역에 속하는 다른 소리들을 추가했다.

조음기관	소리	예
연구개와 혀의 뒤 부분	K G NG Y	Kick Gig Singing Your yacht
혀끝이 경구개를 스치는 소리 혀끝이 경구개 사이에서 떨릴 때	R(스치면서) R(말면서)	 Roaring river
경구개의 앞쪽과 혀끝 (경구개와 치아가 만나는 부분)	L N T D	Lily Nanny Taught Deed
혀끝이 앞니에 부딪히는 소리	TH TH	Thick and thin (무성음) Whitherand thith- er(유성음)
혀, 경구개, 입술 모두 치아 사이로 호흡이 나가도록 이끌며 밖으로 향하는 소리를 낸다	S Z SH ZH	Sister Buzzes She should Measure
치아의 끝과 아랫입술	F V	Fife Revive
위아래 입술	P B M W	Poppy Bobbing Memo Well-wisher

모음의 위치

다시 무대로 돌아가서 모음의 위치에 따라 서보자.

　무대 뒤쪽에 서서 발성 기관을 완전히 열고 '아' 소리를 호흡에 실어 내보낸다.

　무대 앞쪽으로 자리를 옮긴다. 입술을 좁고 둥글게 만들어 모든 행동을 앞으로 밀어내며 '우' 소리를 낸다.

　이제 무대 중간에 서서 '이' 소리를 낸다.

AH — OO — EE　　　AH — OO — EE

이번에는 뒤에서 앞으로 흘러가게 해보자.

(1) **AH**	(2) **Ah**	'bard'처럼
	Ay	'paved'처럼
EE	**Ee**	'deed'처럼
	Oh	'gold'처럼
OO	**Oo**	'fooled'처럼

이번에는 'ay'와 'oh' 위치로 미끄러지면서 '입 속 공간'을 이동한다.

AH — AY — EE — OH — OO (2)

"**DIVE** *into the movement with these vowel sounds and* **RUN** *on into the silence.*

모음 소리와 함께 움직임 속으로 뛰어들어 침묵 속에서 달린다"

침묵의 움직임에서 말하기의 움직임과 형태가 나온다. 그런 다음 말하기의 움직임과 형상은 또다시 침묵 속으로 풀려난다.

이 에너지는 어디에서 올까? 화자에게서 나오는 것일까? 아마도 아닐 것이다.

화자는 주변부에서 힘을 끌어들인다. 또 신체 발성 기관의 주인이기도 하다. 조각가가 도구와 재료를 이용해서 조각을 하듯, 말하는 사람은 주변에서 오는 힘과 발성 기관을 이용해 호흡과 어조라는 유동적이며 눈에 보이지 않는 조각을 창조한다. 화자가 만든 조각품은 공간 속으로 풀려나가 생명을 가진 선물로 듣는 이에게 전달된다.

소리 없이 움직인다.

단모음으로 선다 :　**AH**

이중모음으로 움직인다. :　**AY**

단모음으로 선다. :　**EE**

이중모음으로 움직인다. :　**OH**

단모음으로 선다. :　**OO**

침묵 속으로 움직인다.

음절 걷기

"PATH WAYS WE SHOW YOU
우리가 보여주는 오솔길"

이번에는 각 모음을 자음의 에너지를 이용해서 움직이게 한다. 모음 앞에 있는 자음은 다음 음절로, 계속해서 침묵 속으로 모음을 밀고 간다. 몸도 음절마다 한걸음씩 이동한다. 신체 움직임이 멈춰도 말하기는 공간 안에서 움직일 때까지 반복한다.

소리 맛보기

자음 소리의 위치에 주의하면서 두 문장을 말해보자.

   (a) I do not think it right to treat him so.
      나는 그 사람을 그렇게 대하는 것이 옳지 않다고 생각해.
   (b) I would not be willing to proceed in this way.
      나는 이런 식으로 진행할 생각이 없어.

   (a)와 (b)에서 질감의 차이를 '소리 맛보기'만으로 감지해보자.

   (a)의 중간 자음(d, n, t, r, s)을 상대에게 다트를 던지듯이 강하고 수평적인 흐름으로 말한다. 경구개 소리가 전해주는 생각의 방향과 힘을 느껴본다.

   이제 (b)를 해보자. 이 문장에서 입술은 물결처럼 출렁이는 'w' 소리를 반복하면서, 호흡의 흐름의 방향을 부드럽게 만든다.

   지금까지 장황하게 설명한 말하기의 맛과 감각은 금방 화자의 본능의 문제가 되겠지만, 몇 마디 설명은 있어야 한다.

이제 유머가 톡톡 튀는 시 한편을 읽어보자.

WHY SO PALE AND WAN?

Why so pale and wan, fond lover?

Prithee, why so pale?

Will, when looking well can't move her,

Looking ill prevail?

Prithee, why so pale?

Why so dull and mute, young sinner?

Prithee, why so mute?

Will, when speaking well can't win her,

Saying nothing do't?

Prithee, why so mute?

Quit, quit for shame! This will not move;

This cannot take her.

If of herself she will not love,

Nothing can make her.

The devil take her!

John Suckling (1609-42)

왜 그리 핼쑥하고 창백한가?

왜 그리 핼쑥하고 창백한가, 정다운 그대여?
아니 대체, 왜 그리 창백한 건가?
건강한 모습으로도 그녀의 마음을 움직일 수 없었다면
기운 없는 모습으로 가능하겠는가?
이보게, 왜 그리 창백한가?

왜 그리 맥 빠진 얼굴로 아무 말도 없는가, 젊은이여?
대체, 왜 그리 한 마디도 않는가?
말주변 좋을 때도 그녀를 얻지 못했는데
입을 꼭 다물고 있으면 가능하겠는가?
이보게, 왜 그리 아무 말도 않는가?

그만하게, 꼴 보기 싫으니 정신 차리게! 이래선 그녀의 마음을
움직일 수 없어.
이래선 그녀를 얻을 수가 없어.
그녀 스스로 사랑할 맘을 내지 않는다면
그 무엇도 그녀의 마음을 바꿀 순 없어.
악마나 잡아 가라지!

존 서클링

앞의 두 연에서는 소리 위치가 입술에서 앞으로 뚝 떨어진다. 화자는 친구의 감정 상태를 놀리고 있다.(서정적) 그러다가 충고와 함께 갑자기 소리 위치가 역동적으로 바뀐다. 'Quit, quit for shame! 그만하게, 꼴 보기 싫으니 정신 차리게'(극적)

이번엔 예이츠William Butler Yeats의 시 〈하얀 새The white birds〉의 첫 소절을 읽어보자.

I would that we were, my beloved, white birds on the foam of the sea!
We tire of the flame of the meteor, before it can fade and flee;
And the flame of the blue star of twilight, hung low on the rim of the sky,
Has awaked in our hearts, my beloved, a sadness that may not die.

사랑하는 이여, 우리가 바다의 물거품 위를 나는 하얀 새였으면!
우리는 유성의 불꽃에 싫증을 내지, 그것이 희미하게 사라지기도 전에
하늘 가장자리에 낮게 걸린 해질녘 푸른 별의 불꽃은,
사랑하는 이여, 우리 가슴에 지워지지 않을 슬픔을 일깨웠지.

윌리엄 버틀러 예이츠 〈하얀 새〉

강하게 앞으로 쏠린 소리 위치와 리듬은 갈망의 파도를 타고 영혼이 흘러나오는 것 같은 인상을 준다.(서정적)

이제 바이런George Gordon Byron이 쓴 〈돈 주안 2세Don Juan Ⅱ〉의 대사 몇 줄을 살펴보자.

It was a wild and breaker-beaten coast,
With cliffs above, and a broad sandy shore,
Guarded by shoals and rocks as by a host,
With here and there a creek, whose aspect wore
A better welcome to the tempest-tost;
And rarely ceased the haughty billow's roar,
Save on the dead long summer days, which make
The outstretch'd ocean glitter like a lake…

그것은 거친 파도가 달려와 부서지는 해안,
머리 위로는 절벽이 솟아있고, 넓은 모래사장은
주인인양 서 있는 모래톱과 바위가 감싸고 있었지.
여기저기 흩어진 작은 만은, 그 외양이
폭풍우에 시달린 이들을 더 반가이 맞이하는 모습이었네.
그칠 줄 모르는 오만방자한 파도의 포효는
지루하리만치 기나긴 여름날은 하루같이 이어졌고, 이는
드넓은 대양은 호수처럼 반짝이게 했지…

바이런 경 〈돈 주안 2세〉

여기서는 강한 연구개 소리가 아주 많이 등장한다. 서사적 양식의 예로 더할 나위 없이 좋은 선택이다.

시인들은 제 몫을 훌륭히 다했다. 이제 화자가 나설 차례다. 서정적 양식을 '느끼'거나, 극적 대화에 대사의 '의미'를 담는 것으로는 충분하지 않다.

서정적 양식으로 말한다는 것은 개인적 느낌을 표현하는 데 적합한 양식으로 말한다는 것을 의미한다. 이는 화자나 배우의 개인적인 느낌이 아니다. 그 감정을 느끼고 시로 써내려 간 것은 바로 시인이다.

배우들은 시를 쓰는 과정에서 손실되기 마련인 그 영감의 에너지를 어떻게 다시 되살릴 수 있을까? 배우마다 이 문제를 해결하기 위한 나름의 요령이 있을 것이다. 그중 하나는 주변에서 행동을 끌어 모으는 장면을 상상하는 것이다. (이 방법은 기억에만 의존할 때와 아주 다른 신선한 변화를 가져올 것이다)

쉴 새 없이 떨어지며 흘러가는 폭포를 상상해보자. 흩어지는 물방울에 햇빛이 비쳐 무지개가 생긴다. 시인은 이 느낌을 언어로 바꾼다. 화자는 물방울이 폭포로 떨어지는 것처럼 음절을 발화함으로써 단어를 느낌으로 바꾼다. 단어의 소리는 청자에게 감정을 전달하는 데 엄청난 역할을 한다. 배우는 말소리의 생명력과 순수성을 안다. 날숨의 방향을 통제하는 방법도 알고 있다. 올바른 기술은 올바른 감정을 불러일으킨다.

대화나 언쟁 같은 주고받음을 생각해보자. 여기서도 문제는 다른 사람이 느낀 감정을 되살리는 것이다. 정말 신비롭게도 배우가 사전에 대사 준비를 철저히 할수록 더 즉흥적으로 들린다. 대사를 들숨으로 마신다. 창던지는 사람처럼 뒤쪽으로 물러났다가 수평으로 날려 보낸다.

서사적 양식

말하기 예술에서 가장 오래된 형태 중 하나는 서사시(내러티브, 스토리텔링)이다. 여기서 중요한 것, 우리가 보려는 것은, 이야기 속 그림과 행동이다. 최고의 이야기꾼은 자기는 '사라지고' 이야기 자체가 말하도록 자리를 내어준다. 이는 결코 쉬운 일이 아니다. 무엇보다도 호흡의 조각가가 되어야 한다. 소리(주로 자음)가 그의 도구요, 어조와 음색이 그의 색깔이다.

그는 땅 위에 굳건히 서서, 사지를 통해 흘러들어오는 힘을 받아 이야기한다. 하지만 그 힘은 주변에서 끌어온 에너지와 함께 호흡의 흐름에 실려 공간 속으로 흘러나가야 한다.

Against crusty crevised rocks
The horseman could not canter
딱딱한 바위틈에 맞서
기수는 보통의 구보로 달릴 수 없었다.

뒷소리인 K와 G를 사용해 음절을 주물러(밀가루 반죽을 손으로 주무르듯이) 형태를 만들고, 앞으로 내보낸다.

강약약 6보격

지금껏 알려진 서사시 운율 중 가장 오래된 것은 강약약 6보격이다. 이름에서 알 수 있듯이 여기에는 기본적으로 강약약 운율이 6개 있다.

다음 다섯 가지 사항을 기억해두자.

1) 고대 그리스 운문 구조의 기초는 양, 즉 음절의 길이다. 긴 음절 하나는 짧은 음절 두 개와 같다.

2) 그러므로 강강격(— —)은 강약약격(— v v)으로 대체할 수 있다. 이는 시구 안에 엄청난 탄력성이 내포되어 있음을 의미한다. 운율은 리드미컬하게 움직이며, 가볍게 떠 있고 넓은 공간을 가지고 있다.

3) 한 줄의 마지막은 결코 완전한 강약약격(— v v)으로 끝나지 않는다. 보통 강강격(— —)이 되거나 강약약격의 마지막 짧은 부분 대신 휴지(— v ^)가 온다. 이는 시구의 마지막에 흐르는 느낌을 더해준다.

4) 아무 때나 숨을 들이 쉬는 것이 아니라 일정한 규칙이 있어야 하기 때문에 줄마다 숨을 쉬기 위한 지점이 두 군데씩 있다. 들숨 하나가 강약약격 하나에 해당한다. 따라서 한 줄에는 8개의 공간이 있다. 둘은 숨을 들이쉬기 위한 공간이고, 여섯은 강약약격이나 강강격으로 발화될 공간이다. 시구 안에서 호흡을 위해 멈추는 순간을 '휴지caesura'라고 부른다. 이것은 줄의 한가운데가 아니다.

다음과 같이 한가운데 들어가지 않는다는 말이다.

— v v / — v v / — v v // — v v / — v v / — v v

보통 아래 a), b), c)처럼 숨 쉬는 공간의 위치는 어느 정도 유동적이다. 다음은 가장 일반적인 변형이다. (강강격의 대체는 포함시키지 않았다)

a) — v v / — v v / — // v v / — v v / — v v / — v ^ /
b) — v v / — v v / — v // v / — v v / — v v / — — /
c) — v v / — v v / — v v — // v v / — v v / — — /

5) 8장(p.152)에서 심장 박동과 호흡의 관계를 언급했다. 여기서는 인간의 리듬 체계와 동일한 원리로 구성된 기본 틀을 볼 수 있다.

지금까지 우리는, 주변에서 오는 힘이 호흡의 흐름에 작용하는 것과, 서사적 양식에서는 형태를 만드는 힘이 조형적 자음으로 호흡 흐름을 장악한다는 것을 살펴보았다. 또 운율 형식이 일종의 맥박을 창조해 이야기를 앞으로 나아가게 만들고, 숨 쉬는 공간을 통해 영감이 흘러든다는 것을 살펴보았다.

영감 → 말 → 영감 → 말

호흡의 흐름이 안으로 들어올 때 주변을 의식하라.

IN – BREATHING
들이마시기 — 호흡

IN – SPIRATION
받기 — 영감

전달하려는 상을 떠올리면서 단어가 어떻게 전달되어야 하는지 '미리 들으려'(마리 슈타이너의 표현을 빌리자면) 노력하라.

그런 다음 내쉬는 숨에다가 말소리를 매개로 또 말소리를 이용해서 자신의 창조적 행위로 상을 형성한다.

다음 연습28을 하면서 두 활동이 어떻게 상호작용을 하는지 관찰해보자.

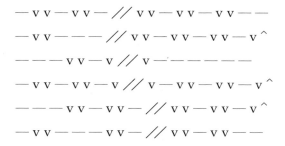

{연습28}

긴 소리 하나와 짧은 소리 하나를 선택한다. (예를 들어 '다: '와 '티') 긴소리와 짧은 소리를 운율에 따라 말한다. 이때 호흡이 리드미컬한 소리가 되고, 말하는 행위가 침묵 속으로도 이어지게 한다. 내용 없이 오직 소리로만 말한다.

```
— v v — v v — // v v — v v — v v — —
— v v — — — // v v — v v — v v — v ^
— — — v v — v // v — — — — —
— v v — v v — v // v — v v — v v — v ^
— — — v v — v v — // v v — v v — v ^
— v v — — v v — // v v — v v — —
```

위 예를 무수히 다른 방식으로 변주할 수 있다. 재미있게도 육보격 연습을 한참 한 다음에는 이 운율이 입에 붙어서 쉬는 시간의 일상 대화도 육보격으로 말하게 된다. 그러지 않으려면 상당한 노력을 기울여야 할거다.

다음은 호메로스의 『오디세이아』 5권에서 발췌한 것이다. H.B. 코테릴Cotterill이 강약약 육보격의 영어 문장으로 번역했다.

E'en as he spake from aloft/ / came crashing a billow enormous
Bursting terrific upon him/ / and whirling the quivering raft round.
Far from the raft he was swept by the wave,/ / and the rudder in falling
Loosed from the grip of his hand,/ / while clean in the middle the mast snapt,
Smit by the terrible blast/ / of the winds which met in a cyclone.
Far off on the waves/ / down clattered the sail with the yardarm.
Long did it keep him below/ / in the depths of the water, unable
Swiftly to rise, held back/ / by the rush of the mountainous rollers,
Weighed down too by his garment,/ / the gift of the goddess Calypso.

그가 돛대 꼭대기에서 말하고 있을 때 / / 거대한 파도가 휘몰아쳐와
그에게 거대한 일격을 가하며 부서지고 / / 연약한 뗏목은 사정없이 소용돌이쳤네.
그는 파도에 휩쓸려 뗏목 멀리 내동댕이쳐지고 / / 배의 키는 그의 손을 벗어나
물속으로 가라앉았네, / / 회오리치는 맹렬한 바람의
무시무시한 일격에 / / 돛대는 허리가 깨끗이 두 동강이 났네,
저 멀리 파도 위에는 / / 돛이 돛대를 매단 채 펄럭이며 떠내려갔지.
오래도록 그는 물속 깊은 곳에서 / / 떠오르지 못했네,
집채만 한 파도의 공격에 자꾸 떠밀려 / / 가벼이 몸을 움직이지 못하고 밀려나기만 했지.
옷가지 또한 그를 아래로 잡아끌었네 / / 칼립소 여신의 선물인 의복이.

이런 연습을 소개하는 주된 목적은 독자 중에 이런 화자를 발굴하기 위함이 아니다. 말하기 연습이나 훈련, 기본기 연습, 이론, 말하기 양식은 모두 인간에 대한 이해에서 비롯된 것임을, 우리의 예술 행위를 속박하기 위해 임의로 만들어낸 굴레가 아님을 전하고 싶었다. 인간 행동의 정수를 모은 말하기와 움직임의 방법론을 훈련 프로그램으로 만들어야 한다. 이런 종류의 교육은 법칙을 강요하거나 억지로 교정을 하지 않는다. 우리 행동을 명확하게 만들고, 걸맞은 양식을 제공할 뿐이다. 이 양식이 연극 예술의 근본이 되어야 한다.

12 연역적 드라마

마지막으로 남자 두 명이 나오는 장면과 여자 두 명이 나오는 장면을 수록했다. 일상적인 대화체로 쓴 간단한 극이다. 이런 장면을 지칭하기 위해 '연역적 드라마'라는 용어를 만들어 보았다. 인물들은 익숙한 방식으로 행동한다. 전형적인 양식 안에서 행동하고 반응하기 때문에 우리는 인물의 사고 흐름과 감정 방향을 쉽게 이해할 수 있다. 이들의 태도를 보면 어떻게 느끼고, 왜 그런 식으로 사고하는지를 연역 추론할 수 있다는 것이다. 관객들 역시 그 장면에 각자의 요소를 추가한다. 인생 경험이나 사고의 연상 작용에서 나온 내용을 덧붙이면서 인물들의 행동에 개인적 감정과 함께 특정한 태도를 갖는다. 엄마와 아들의 여자 친구가 말다툼하는 장면을 예로 들어 보자. 이 장면에 대한 당신의 태도는 실제 그런 경험이 있었는지 여부에 따라 달라질 것이다. 그런 경험이 없었다면 저 인물이 왜 저러는지, 저 장면의 의미가 무엇인지 자체를 이해하지 못할 수도 있다. 경험이 있고 작가가 제대로 썼다고 느끼는 경우에는 그 장면을 보면서 뭔가를 얻었다고 느낄 것이다. 과거에 경험했던 비슷한 태도가 기억 속에서 떠오르기 때문이다. 연극을 볼 때 익숙한 장면이 등장한다는 이유만으로도 재미를 느끼며 스스로 놀랄 때가 있다. 그 때 우리는 통제 가능한 세상에 살고 있는 것이다. 풍자 희극[20]에서 등장인물들이 아주 민망한 상황에 빠졌다가 허둥지둥 벗어나는 것을 보았다고 하자. 실제 그런 일을 겪어 본 적이 없는 사람도 익숙한 설정이기 때문에 황당한 사건 전개를 보며 배꼽을 잡는다. 안톤 체호프Anton Chekhov의 연극을 볼 때도 등장인물의 감정이 우리 감정과 흡사하기 때문에 속마음을 놀라울 정도로 잘 이해할 수 있다.

요즘에는 연극을 감상할 때 얼마나 공감할 수 있는지를 기준으로 즐거움의 정도를 말한다. 실제로 겪은 일이나 감정이 자주 등장할수록 좋은 연극이라고 여긴다. 같은 기준을

20　Farce_ 관객을 웃기기 위해 만든 비속한 연극. 중세 도덕극의 막간극에서 발달한 것으로, 과장된 표현·노골적인 농담·우연성·황당무계함이 특징이다.

음악에 적용해보면, 만족스러운 미소를 띤 중산층 청중이 떠오른다. 관람객이 친숙함을 느낄만한 미술 전시회의 풍경도 크게 다르지 않을 것이다. 음악이나 미술에서 대중의 이해와 인정을 받는 작품이 반드시 최고의 예술인 것은 아니다. 하지만 연극에서 자연주의 연극의 성공 여부는 전적으로 관객의 태도에 달려 있다. 사실 작품의 주제나 양식과 상관없이 관객에게 친숙하고 일상적인 풍경을 보여주는 것이 목표가 아닐까 고개를 갸우뚱하게 되는 공연이 많다. 배우와 제작자는 연역적 드라마에 편안히 업혀가기를 좋아한다. 관객이 익숙한 행동이나 경험의 범주를 벗어나게 할 필요가 없기 때문이다.

어떤 연극에서든 우리는 관객을 이끌고 긴 여정을 떠나야 한다. 상상의 지평을 확장시킬 수도, 실용적이고 익숙한 풍경을 넘어서 내적 확신에서 나온 인간의 분투(성패와 상관없이)를 묘사할 수도 있다. 어떻게 하면 그런 경험이 가능할까? 물론 극작가의 역할도 중요하다. 그들의 노력으로 일상적 사고와 행동의 경계를 넘어 세상을 보는 놀랍도록 신선한 관점을 제시하는 작품이 나올 수 있다. 그렇다면 배우는 무엇을 할 수 있는가?

배우는 말하기와 움직임 속에 들어 있는 눈에 보이지 않는 제스처의 힘을 더 중요하게 여겨야 한다. 다음 두 장면을 통해 지금까지 해온 논의를 대사 속에서 어떻게 발전시킬 수 있는지 살펴보자.

{연습29} 양심적 병역 거부

데이비드 : 클리퍼드! 다시 만나서 정말 반가워. 얼른 들어와. 밖에
서 있지 말고.

(클리퍼드 들어온다. 지팡이를 짚고 한쪽 다리를 전다)

데이비드 : 다리를 다친 거야?

클리퍼드 : 응, 다쳤어, 친구. 실은 너무 심하게 다쳐서 잘라버려야
만 했지.

데이비드 : 세상에. 정말 안됐군. 여기 이 의자에 앉게.

클리퍼드 : 아냐, 그럴 필요 없어. 나머지 몸뚱아리는 아직 성하니
까. (앉는다) 그러니까 여기가 편지에서 수도 없이 말했
던 그 작은 오두막이군.

데이비드 : 맞아. (침묵) 아주 단순하고 원시적이지.

클리퍼드 : 그리고 안전한데, 데이비드. 안전해. 우리가 전쟁터에서
피 튀기며 싸우는 동안 자네는… 자네는 여기 이렇게 안
전하게 앉아 있었군.

데이비드 : (한숨 쉬며) 제발, 그런… 그건 지나치네. 날 용서할 수 없
겠지, 병역을 거부했으니까!

클리퍼드 : 아니, 자네가 병역 거부자이기 때문에 화가 나는 게 아
니야. 만약 자네가 신념 때문에 총에 맞았다면, 그건 정
말 대단한 일이었을 거야. 그건 신념 때문이 아니야. 자

네 때문이야. 자네는 모든 즐거움을 다 놓쳤네. 죽음과 공포, 증오, 고통, 팔다리들, 그 즐거움을 다 놓치고서, 여기 이렇게 안전하고 의기양양하게, 아무런 고통 없이, 두려움도, 대답도, 질문도 없이 앉아 있다니, 아무 것도 없는 상태로 말이지! 자네는 군부대도 손전등도 꼬마전구, 그 웃음들, 그리고 그 피를 놓친 거야.

데이비드 : (조용히) 클리퍼드, 자네는 배우를 했어야 해.

클리퍼드 : (조용히) 맞아, 데이비드. 나는 다리가 없는 분장을 한 거야. 이제 우리는 분장실에 들어왔고, 나는 더 이상 변 장할 필요가 없네.

(클리퍼드가 바짓단을 들어올린다)

데이비드 : 클리퍼드! 여기 이렇게 사는 게 어떨거라고 생각하나? 혼자서. 안전하게. 자네가 말한대로. 나는 생각의 전쟁 터에서 … 미친 듯이 싸우고 있어. 나 혼자서. 의심과 공 포, 수치심, 무기력, 혼란과 싸우고 있다고.

클리퍼드 : 그럼 행복하지 않단 말인가?

데이비드 : 아, 제발! 전쟁터에 있을 때만큼은 아닐 거야. 난 지금 무 기력해. 그래, 들것 나르는 사람이 될 수도 있었을 거야. 하지만 난 나왔어. 그 모든 게 싫다고. 근데 말이지, 그 안에 있는 것보다 나와 있는 게 훨씬 더 나빠. 자네의 다 리, 그 잃어버린 다리. 난 자네를 안쓰럽게 생각하지 않 네. (소리치며) 오히려 부러워! 자네의 고통, 상처, 그 빌 어먹을 용감한 훈장이 부럽다고.

클리퍼드 : 용감? 용기! 난 미친 듯이 울부짖었어. 자네 같은 들것 운
반수가 와서 날 데려갈 때까지 울부짖었다고. 난 무서웠
어. 화가 나고 어린애처럼 어찌할 바를 몰랐어.

데이비드 : (조용히) 고마워. 자네가 하는 말이 사실이 아니라는 걸
알지만, 어쨌든 고마워.

클리퍼드 : 사실이야. 잘 들어. 내가 내 다리를 잘라낸 게 아니야.
폭탄에 날아가 버린 거야. 내 의지와는 상관없이, 어쩌
다 그 쇠뭉치가 지나가는 자리에 있었을 뿐이라고. 자
넨 적어도 그 가시방석을 스스로 만들었잖아. 영웅은 자
네야. 자기 자신의 불행을 스스로 창조해냈으니까. 나?
난 당한 거지.

데이비드 : 하지만 난 안전하고, 클리퍼드. 자네 말이 맞아. 난 안
전해.

클리퍼드 : (조용히) 안전해서 고통스럽지.

데이비드 : 맞아. 그거야.

클리퍼드 : 지금은, 할 수 있다면, 다시 참전할 거야?

데이비드 : 아니. 불행하긴 하지만.

클리퍼드 : 그건 어째 들으라고 하는 말 같네.

데이비드 : 마음대로 생각해.

클리퍼드 : 이제 그만하자. 다리 얘기도 다 잊어버려. 데이비드, 자
넨 내 형제야. 난 언제나 자네를 존경해왔어. 내가 운동
에 능하고, 여자들을 잘 꼬시고, 군대에서 빠르게 승진

한 이 모든 것들이, 다 자네를 깔아뭉개려고 계획된 거야. 난 이 다리 훈장을 받을 만한 자격이 있어. 그리고 지금도 자네를 누르기 위해 이 훈장을 사용하고 있지.

데이비드 : 자네를 많이 존경해. 감히 겨룰 수 없다는 걸 잘 알고 있었어. 그래서 떠난 거야. 모든 걸 버리고.

클리퍼드 : (침묵 후) 그래. 자네가 주는 위스키는 고맙게 마실게.

데이비드 : 아, 미안. 곧 가져올게.

클리퍼드라는 인물에는 공포와 대담함이 뒤섞여 있다. 이 두 단어의 소리를 이용해서 인물의 특징적인 어조를 만들어 보자. 인물의 정서와 주파수를 맞추기 위해 '공포'라는 단어를 말하면서 그 소리 속으로 완전히 빠져본다. 소리를 낼 때 입과 입술이 만드는 제스처를 느껴보자. 그런 다음 '대담함'을 말하면서 마찬가지로 소리의 본성과 입의 제스처를 느껴본다. 단어의 소리를 통해 클리퍼드라는 인물의 본질적인 요소를 만날 수 있다. 공포와 대담함이라는 단어는 설명을 위해 선택한 예에 불과하다. 배우 스스로 인물에 걸맞은 단어를 찾아야 한다.

이번에는 아래 문장을 이용해서 인물에 좀 더 가까워지고, 인물의 말하기 속에 들어 있는 고유한 역동을 느껴보자. 물론 배우가 직접 인물에 걸맞은 문장을 만들 수도 있다. 여기 제시한 것은 클리퍼드 성격의 단면을 보여주는 문장이다.

"여기가 어디야? 날 위협할 순 없어! 이리 와서 한 번 덤벼
봐! 감히 그럴 수 있다면."

데이비드 역시 '공포'라는 단어를 이용할 수 있다. 하지만
이번에는 '평화'를 짝지어보자. 두 단어를 하나로 묶어 말하
고 들어보자. 그 소리가 배우에게 데이비드라는 인물에 적합
한 목소리를 찾게 해줄 것이다.

다음과 같은 문장을 택할 수도 있다.

"제발, 아무도 날 찾지 말라고 해줘. 날 가만히 내버려둬. 이
런 고요가 영원하기를. 제발, 나를 혼자 내버려둬."

인물의 대사 속 단어에서 드러나는 모습대로 두 인물을
연기해보자. 대사는 그 인물이 어떠한 사람인지를 알려준다.
개인적으로 인물이 맘에 들지 않거나, 그들의 행동이나 태도
에 동의하지 않을 수 있다. 하지만 충분히 예측할 수 있을 정
도의 친숙함이 있기 때문에 우리는 그들을 모방하고 묘사할
수 있다.

클리퍼드 역할을 연습해본 뒤 자기가 사용한 목소리와 제

스처를 다시 떠올려본다. 먼저 배우의 모방 능력을 이용해서 인물을 만난 다음, 인물을 이해하기 위한 노력을 시작하라. 자신의 연기를 분석하면서 인물의 말하기의 본질을 찾아보라. 이상한 말처럼 들릴 수도 있겠지만 그런 다음에는 대사를 노래 형태로 바꾸어보라. 인물의 버릇을 연구한 다음에는 춤으로 바꾸어보라.

먼저 인물을 연기해본 뒤에 자기 행동을 그대로 반복해보라. 이런 연습은 어떤 의미에서 배우를 인물에서 빠져나오게 만드는 효과가 있다. 인물이 스스로의 힘으로 자유롭게 움직이고 자기 방식대로 말하도록 내버려두는 것이다. 처음 자전거를 배울 때 뒤에서 누가 잡아주다가 어느 순간 잡은 손을 놓을 때를 생각해보자. 당신은 인물을 놓아주고 인물 스스로 자전거를 타기 시작한다. 우리가 몸짓과 목소리로 창조한 것을 모방하는 단계라고도 설명할 수 있다. 자기가 만든 인물을 모방한다고 해서 인물의 현실성이 감소하지 않는다. 오히려 배우의 손아귀에서 인물을 자유롭게 놓아주는 효과가 있다.

이런 식으로 인물의 행동을 분석하다보면 몸짓과 말하기에서 그 사람의 본질을 표현할 수 있게 된다.

표출하고 싶은 욕구를 억눌렀을 때 그만큼 강한 힘으로 긴장한 경련 상태를 일종의 마임 춤으로 표현해보자. 분노하듯 앞으로 내지르는 몸짓, 팔꿈치와 무릎을 사용한 리드미컬한 춤에 지치고 혼란스러운 듯 힘없이 흐느적거리는 몸짓을 혼합한다. 그러다가 다시 분노에 차서 혼란스러워하며 사방으로 주먹을 휘두른다. 움직임의 공간을 더 확장시켜 보자. 공간이 커지면 인물의 본질을 표현하기가 훨씬 어렵다. 움직임의 폭이 확대될수록 인물의 특성을 더 정확하게 표현해야 한다. 제스처를 춤으로 변형시키는 것은 몸짓 언어의 범위를 키우는 동시에 육체 속에 숨은 진짜 움직임의 역동을 시각화하려는 시도다. 배우가 눈에 보이지 않는 언어를 강력하게 전달할 때만 관객과 청중은 몸짓 언어의 범위를 넘어서는 인상을 받을 수 있다. 배우의 몸짓은 관객을 배우가 원하는 방향으로 이끄는 신호에 불과하다.

똑같은 원리를 말하기에도 적용할 수 있다. 배우는 자신의 연기를 곰곰이 되짚어보면서 클리퍼드라는 인물의 진정한 '멜로디' 또는 '노래'를 발견할 수 있다. 듣기 좋은 노래는 아닐지라도 그 소리의 흐름은 인물의 본질을 드러낸다. 자기가 연습 때 했던 말을 떠올리고 자기 목소리를 다시 들어보면서 말하기 속에 녹아있는 도전성이나 위협하는 느낌을 인식할 수도 있다. 그 과정에서 예를 들어 '대담함' 같은 단어가 내면에 떠오른다. 이 단어를 열쇠 삼아 인물의 분위기를 탐구하다가 그 단어가 바로 클리퍼드의 본질임을 깨닫기도 한다. '대담함'에서 자음 'ㄷ' 소리와 모음 'ㅐ' 소리를 분리한다. 이 소리로 전체 대사에 색깔을 입혀서 그 인물의 목소리와 태도에 이 두 음조가 깔리게 한다. 이 음조는 당신이 연기하는 인물의 바탕색이자, 그 영혼의 소리가 가진 진정한 상이라고 생각하면서 대사를 한다. 이런 특성이 연기 전면에 부각되지는 않겠지만, 분명히 존재하는 겉으로 보이는 모습 이면의 신비로운 세계로 관객들을 이끌어갈 것이다. 이는 시작에 불과하다. 결국에는 말투와 느낌에서 그 인물의 생각을 전달하는 구절을 발견하게 될 것이다. 예를 들어 '여기가 어디야? 날 위협할 순 없어! 이리 와서 한 번 덤벼봐! 감히 그럴 수 있다면' 같은 구절이다. 같은 원칙을 '데이비드'에도 적용해본다.

고든 크레이그의 무대처럼 장소도 중요하다. 하지만 꼭 배경막이나 연단이 아니라 사적인 방이나 복도 디자인에도 신비로운 분위기를 담을 수 있다. 흔히 보는 극장이나 배경막은 대부분 아주 연극적이다. 하지만 그것은 배우가 관객을 연극 속으로 이끌고 가기 위해 사용하는 기법에 불과하다. 우선 배우가 자연주의라는 극적이면서 친숙한 요소 너머로 연기 예술의 영역을 넓히면서, 깨어있는 의식을 가지고 공간과 분위기 속으로 들어가는 것부터 시작해야 한다.

지금까지의 논의를 다음 장면에 적용해보자. 먼저 직관적인 연기로 시작하라. 그런 다음 그 장면을 반복하면서 이런 생각들이 튼튼히 뿌리내리게 해보자.

{연습30} 시어머니

시어머니 : 이리 오렴, 아가. 이렇게 시간을 내서 와주다니 친절하기도 하지. 남자들 없이 우리끼리 오붓하게 이야기를 나눌 수 있다니 더없이 좋은 기회라는 생각이 드는구나.

스 텔 라 : 왜 저희끼리 오붓한 대화가 필요하죠?

시어머니 : 글쎄, 그냥 좋을 것 같은데.

스 텔 라 : 죄송하지만 어머니, 저는 그런 걸 잘 못해요.

시어머니 : (웃으며) 잘 못해도 돼. 그런 건 나한테 맡기렴. 자, 여기 앉아라. 그렇게 서 있으니 좀 어색해 보인다.

스 텔 라 : 저는 정말 괜찮…, 네.

시어머니 : 자, 그럼 우리 둘 다 존을 사랑하니까, 이제 그 아이를 공유하는 법을 배워야겠지.

스 텔 라 : 어머니, 그건 좀 다른 얘기 같은데요.

시어머니 : 아니, 정확히 맞는 얘기야. 그렇기 때문에 너희 결혼이 행복할 수 있게 내가 기여하고 싶은 거고.

스 텔 라 : 어머니가 하실 수 있는 일은 많지 않을 것 같은데요.

시어머니 : 음, 아니. 그렇지 않단다.

스 텔 라 : (일어서며) 어머니, 존하고 저는 새로운 관계예요. 저희 둘이 함께하는 건 완전히 새로운 상황인 거고, 엄마와 아들 같은 옛날 관계가 어떤 도움을 줄 순 없어요.

시어머니 : 스텔라, 넌 틀렸어. 네가 말하는 그 옛날 관계는 절대로 사라지지 않는단다. 그건 영원히 거기 있는 거야.

스 텔 라 : 아, 세상에. 견딜 수 없어요. 아니, 벌써. 우리가 결혼도 하기 전에. 저는 감당이 안 되네요.

시어머니 : 넌 감당해야만 해. 네가 아주 아름답게 모성을 이야기했듯이 말이야. 나를 무시할 순 없을 거야.

스 텔 라 : 이건 불공평해요.

시어머니 : 스텔라, 제발 앉으렴. 우린 친구가 되도록 노력해야 해, 앞으로 긴 시간을 함께해야 하잖니.

(스텔라 침묵한다)

시어머니 : (여전히 조용하게) … 네가 빨리 받아들일수록, 우리 모두에게 좋을 거야. 존에게도, 나에게도, 그리고 무엇보다 네 자신에게 말이다.

(스텔라 여전히 침묵한다)

시어머니 : 그렇지 않니, 스텔라? 어머니 말에 대답을 해야지.

스 텔 라 : 사랑은 파괴적이에요.

시어머니 : 그게 무슨 말이니?

스 텔 라 : 말 그대로요. 어머니의 사랑이 존에 대한 제 사랑을 파괴하고 있어요.

시어머니 : 저런, 스텔라. 난 정말 그러고 싶지 않다. 하지만 우리가 서로를 이해하는 건 아주 중요한 문제야.

스 텔 라 : 그래요? 그래야 하나요? 존과 제가 멀리 떠나는 게 가장 좋을 것 같은데요. 영원히.

시어머니 : 만약 그런 짓을 한다면, 너희 둘을 모두 찾아내서….

스 텔 라 : 아, 맞아요. 그러고는 하실 수 있는 게 없겠죠. 어쩌면 어머니를 위한 놀이 치료법 같은 게 될 수도 있겠네요. 보물찾기처럼.

시어머니 : 내가 할 말은 끝난 것 같구나. 너의 그 증오심에 내 마음이 아프다. 너의 그 독이 나에게만 향하기를 바란다. 난 기쁘게 감내할 수 있어. 내 아들을 너한테서 지켜낼 수만 있다면.

스 텔 라 : (침묵 후) 일본 속담에 이런 말이 있어요. '목소리를 높이는 사람이 진 거다'라는. 그 말을 기억해야겠어요. 그리고 이 상황을 다른 식으로 다뤄야 할 것 같아요. 차 좀 갖다 주시겠어요?

시어머니 : 물론이지, 얘야. (얼마 동안 스텔라를 쳐다본다) 내가 가져오마.

여기서 시어머니도 '공포'라는 단어와 함께 '잡다'라는 역동적인 단어가 떠오른다. 두 소리의 결합에서 시어머니의 목소리를 찾아보자. 다음 문장을 주요 대사로 택할 수 있다.

"네가 누구든, 이리 나와! 네가 거기에 있는 거 알아!

이리 나와, 안 그러면 내가 가서 널 잡을 거야! 넌 내거야, 얘야!"

스텔라 역시 '공포'가 생각나지만, 여기에 '용기'라는 단어의 소리가 함께 온다. 핵심 단어를 말할 때 입의 제스처와 움직임을 의식한다. 그것을 실마리로 인물에 대한 적합한 표현을 찾는다. 다음을 스텔라의 주요 대사로 삼아보자.

"그녀가 나를 지켜보고 있는 게 느껴져! 그녀가 보고 있다는 걸 알겠어. 난 두려워하지 않을 거야. 난 용감해질 거야!"

에필로그

배우의 어린 시절 이야기를 들어보면 유치원에서 매력적이고 인기 있는 아이가 아니었던 경우가 많다. 혼자 골똘히 생각에 잠겨 있다가 느닷없이 큰 소리를 지르거나 펄쩍펄쩍 뛰어다녔던 경우도 많다. 아무런 외부 자극 없이 오로지 강렬한 내면 표상의 자극으로 예고 없이 엄청난 에너지를 분출한다. 퍼뜩 떠오른 생각에 사로잡혀 자동차 수리를 한다고 의자 밑으로 기어들어간다. 다른 아이들은 그 생각을 도무지 따라갈 수가 없다. 나름대로 무척 애를 쓰며 마음에 떠오른 상을 다른 아이들에게 전달해보려 노력하지만, 말로도 몸으로도 도저히 전달할 수 없는 엄청난 상이다. 가끔은 왕성한 상상력에 끌려 갑자기 반 전체가 그 아이를 따라다니며 노는 바람에 아이와 교사 모두가 어리둥절해 하는 상황이 벌어지기도 한다. 어린 배우들은 상상 속에서 표상을 자유자재로 움직일 수 있다가 현실 속에서 그 상을 표현하거나 드러내지 못하면 좌절하곤 한다.

보통 아이들은 설계자가 의도한 대로 미끄럼틀에서 타고 노는 반면, 미래의 배우는 세상에서 가장 높은 산꼭대기에서 뛰어내리는 상상을 하며 머리부터 내려온다. 아무리 짧은 미끄럼틀도 배우의 상상에는 부족함이 없다. 두 번째로 탈 때는 내려오면서 '죽는다.' 아이는 죽어가고 있다는 느낌에 빠져 미끄럼틀 아래에 한참 동안 가만히 누워 있다. 완전히 '죽지' 못한 경우에는 천천히 몸을 일으켜 절뚝거리며 미끄럼틀에서 빠져나온다. 이 모습을 본 선생님이 놀라서 소리를 지르면 어린 배우는 금세 다리를 흔들며 멀쩡하다는 것을 보여줄 것이다. 이 단계에서 연기의 부정적 측면을 발견하기도 한다. 죽은 척 했더니 사람들이 한 순간 모두 자기가 한 거짓말의 마법에 빠지는 것을 깨닫는 것이다. 이제 어린 배우의 마음에 상상을 다른 사람과 공유할 수 있겠다는 생각이 떠오른다. 아이는 주변 사람들의 감정을 움직여 웃음이나 걱정, 심지어 경악이나 분노를 불러일으키기 시작한다. '주목을 끄는 것을 좋아'한다는 말을 듣기도 하지만 마음 속 어딘가에서 자기 느낌과 경험을 다른 사람에게 투사하고 그들과 공유하고 있다고 느낀다.

　이런 과정을 거치면서 자기만의 상상이 행동으로 변형되고, 나아가 다른 사람의 상상을 자극했다가 다시 더 큰 힘으로 자기 상상을 자극하는 하나의 원이 완성된다. 이를 연극적 관계의 원이라고 할 수 있다. 판타지를 주고받는 원형 관계는 고대 극장의 디자인에서도 드러난다. 당시 극장은 대부분 완전한 원이었다. 배우는 떠오른 상상을 즉시 행동과 소리로 바꿀 수 있는 재능을 타고난 사람들이다. 어떤 사람들은 마음에 떠오른 상상을 그림으로 그리고, 글을 쓰고, 음악으로 표현하지만, 배우의 표현 수단은 인간의 행위다. 배우들은 우리에게 아주 친숙한 행동 양식을 보여줄 수도 있고, 연기 예술을 통해 완전한 인간의 상을 드러내어 인간다운 인간으로 한 걸음 더 나아가게 만들 수도 있다.

마지막으로 고백해둘 것이 있다. 연극에 대한 이런 생각 뒤에는 어떤 믿음이 깔려있다. 이 책을 다 읽은 독자에게는 벌써 분명해졌을 그것은 '연극의 생각과 느낌, 제스처와 말하기는 보이지 않는 다른 세계에서 배우에게로 온다'는 믿음이다.

맨 처음 연극의 자리는 말하자면 상상 속 올림포스 산비탈이나 후지산만큼 까마득히 높은 곳이었다. 인간의 영역을 넘어선 그 높은 곳에서 예술가들은 연극을 행동으로, 눈으로 볼 수 있는 형태로 불러냈다. 예술가들은 자기 작업에 함께 할, 연기 예술의 구성 요소를 불러 모았다. 소포클레스의《안티고네》에서 코러스는 말한다. "파르나소스 산의 기슭을 넘어, 신음하는 해협을 지나, 소리와 춤의 리듬으로 치유의 하모니를 가져 오소서."

여기서 알 수 있듯이 연극 행위는 배우만의 영역에 속하는 것이 아니다. 배우의 창조적 에너지와 해석의 기술에만 달려있는 것도 아니다. 배우는 연극이 배우의 제스처와 말하기를 통해 스스로 말한다고 느껴야 한다. 그래서 자기 목소리와 행동이 영감의 길을 막아서는 대신 영감을 자극하고 불러오려 노력해야 한다.

배우 예술의 재료는 소리와 제스처에 대한 예민함, 그리고 인간 행위의 더 높은 단계가 드러날 수 있게 만드는 움직임 능력이어야 한다. 이런 움직임은 극장 공간 전체로 확장되어 관객 속에서 살아 숨 쉰다. 그것이 바로 배우의 역할이다.

옮긴이의 글_ 놓아주기

『배우, 말하기, 자유』는 발도르프학교에서 학생들과 연극 수업을 준비하면서, '말하기'에 대한 영역을 준비하기 위해 수많은 리서치 끝에 찾아낸 책이다. 매년 연극 수업을 진행하면서 '아이들을 너무 전문적인 연극 배우처럼 교육해서는 안 된다. 연극 수업의 본질이 무엇인지 탐구하자.'라는 조언을 동료 교사로부터 늘 들어왔던 터였다. 발도르프학교의 연극 수업은 공연을 위한 개별적인 수업이 아니다. 우리말과 글(국어), 오이리트미, 미술, 음악, 체육 등 모든 과목과 연계되어 8년(혹은 12년) 동안 한 단계 한 단계씩 배워온 결과를 연극이라는 총체적 방식으로 표현하는 것일 뿐이다. 그렇기 때문에 더욱 연극의 테크닉보다는 그 본질이 무엇인가, 아이들이 배우로서 무대에 섰을 때 어떠한 능력을 기르기를 원하는가를 교사로서 많이 고민해왔다. 이 때 『배우, 말하기, 자유』가 내게 왔고, 연극과 말하기의 비기秘器를 찾아 나서게 되었다.

무대에 전문적으로 서는 배우들에게도 마찬가지이다. 배우에게 필요한 것은 테크닉이기도 하지만, 예술가로서의 자기 인식, 연극의 본질에 대한 탐구도 함께 해야 한다. 그래서 이

비기를 하나하나 풀어나가는 작업을 동료 배우들과 함께 시작했다. 2011년에 〈스튜디오 M〉이라는 작은 문화 예술 공동체에서 연기 세미나를 진행하면서, 번역을 시작하였고 실제 연습이 필요한 부분은 워크숍으로 실습해보았다.

모든 말하기와 연습의 핵심은 '놓아주는 것release'에 있었다. 마치 불교 철학에서 이야기 하는 것처럼 외부에서 들어오는 것을 그대로 받아들이고, 배우는 전달자로서 그것을 잘 받아 놓아주는 것. 그것이 이 비밀스러운 기록의 핵심이었다. 함께 한 배우들은 연기서의 인문학적 가치에 대해서 놀라워했다. 이 책을 함께 공부하면서 연극과 연기에 대한 실용적 제안뿐만 아니라, 삶과 인생에 대한 철학적 제안을 동시에 경험할 수 있는 값진 시간을 보낼 수 있었다.

여러 가지 상황으로 2017년에 와서야 출판이 되지만, 부족한 책이나마 비밀 무기로써 배우들에게 도움이 될 수 있다면 그걸로 족하다. 그리고 놓아주게 되어서 기쁘다.

출판을 앞두고, 저자인 피터 브리몬트에게 연락을 시도했다. 현재 그는 87세의 나이로 병상에 누워있다. 그의 제자가 대신하여 답장을 보내주었다. 피터는 자신이 배우들과 함께 훈련하고 발견해온 많은 것을 웹사이트를 통해 세계의 많은 사람과 나누고 있다.(www.liberationofacting.com) 이 웹사이트를 방문하면 그의 육성과 훈련에 관련한 자료 및 영상을 모두 접해볼 수 있다.

그리고 루돌프 슈타이너와 미하일 체호프를 융합해보려는 수십 년간의 시도에 대해서, 그것은 불가능한 일이었다는 언급을 편지 말미에 적어주었다. 적지 않은 충격이었다. 왜냐하면 루돌프 슈타이너를 알게 되고, 그에 영향을 받은 미하일 체호프를 공부하면서 이들의 철학을 한국어와 한국 연극에 잘 적용해보는 것을 나의 큰 과제로 삼았기 때문이다. 하지만 이 둘의 내용을 조합mix하려는 시도는 옳지 않은 것이었음을 발견했다는 피터의 이야기에 더 큰 궁금증이 생겼다. 하나를 놓아주자, 새로운 것이 찾아온 셈이다. 결국 이 책을 교과서나 정답처럼 읽어서는 안 된다는 사실을 의미한다. 멀리 영국 연극인의 말하기와 연극에 대한 탐구가 각자의 공부에 자극을 주는 촉매제로 작용하기를 바란다.

책을 리서치 하는데 많은 도움을 주신 조애경 선생님, 더불어 늘 도움과 조언을 아끼지 않으셨던 청계자유 발도르프 학교 선생님들, 함께 초벌 번역과 세미나를 진행한 〈스튜디오 M〉의 김지영, 김유진, 몇 년 간 출판을 위해 애써주신 유영란님, 푸른씨앗 출판사의 백미경, 최수진님께 감사의 인사를 전한다. 무엇보다 1년 반 동안 함께 말하기와 삶의 지혜에 대해 이야기 나누며 번역을 이끌어 가주신 하주현 선생님께 큰 감사의 인사를 드린다.

책이 나오기까지 수고해주신 많은 사람을 대신하여

2017년 3월 16일

이은서

참고 문헌

- Brook, Peter,
  『The Shifting Point: Forty Years of Theatrical Exploration 1946~87』 Methuen, 1988
  전환점: 40년 간의 연극여행 1946~87

- Cotterill, H.B.,
  『Homer's Odyssey』 Harrap, 1924 호메로스의 오디세이

- Craig, Edward Gordon,
  『On the Art of the Theatre』 Heinemann, 1911
  연극 예술에 관하여

- Faulkner, Jones, D.E.,
  『The English Spirit』 Rudolf Steiner Press, 1935
  잉글랜드의 정신

- Harvey, Paul Sir,
  『The Oxford Companion to Classical Literature』 Oxford University Press, 1990
  옥스포드 고전 문학 안내서

- Harwood, Cecil,
  『Shakespeare's Prophetic Mind』 Rudolf Steiner Press, 1964
  셰익스피어의 예언적 생각
  『Eurythmy and the Impulse of Dance』 Rudolf Steiner Press, 1974 오이리트미와 춤의 원동력

280

- Harwood, Ronald,
  『All the World's a Stage』 Methuen, 1984 <u>모든 세상은 무대</u>

- Josephs, B.L.,
  『Elizabethan Acting』 Oxford University Press, 1951
  <u>엘리자베스 시대의 연기</u>

- Patterson, Michael,
  『The Revolution in German Theatre 1900~1933』 Routledge
  & Kegan Paul, 1981 <u>독일 연극의 혁명 1900~1933</u>

- Prudhoe, John,
  『The Theatre of Goethe And Schiller』 Basil Blackwell,
  Oxford, 1973 <u>괴테와 쉴러의 연극</u>

- Steiner, Rudolf & Marie,
  『Methodik und Wesen der Sprachtestalung』 GA 280
  <u>언어 형성과 방법론</u>

- Steiner, Rudolf,
  『Sprachgestaltung und Dramatische Kunst』 GA 282
  <u>언어 형성과 연극 예술</u>
  『Eurythmie als sichtbare Sprache 』 GA 279
  <u>보이는 말하기로서의 오이리트미</u>

- 콘스탄틴 스타니슬랍스키,
  『나의 예술인생』 강량원 옮김, 책숲, 2015

재생 종이로 만든 책

푸른 씨앗의 책은 재생 종이에 콩기름 잉크로 인쇄합니다.
겉지_ 한솔제지 앙코르 190g/m²
속지_ 전주페이퍼 Green-Light 80g/m²
인쇄_ (주) 코리아프린테크 | 02-2264-3325,